非比尋常
北非、加勒比海
王秋今 著

自序

非比尋常的緣起

從小看著三毛的作品，對於撒哈拉沙漠的故事有著夢幻崇拜。時至今日，才有能力與體力，一償宿願。在《心有多大，世界就有多大》這本著作出版後，我又回到多倫多大學遊學，再從台灣參加北非摩洛哥探險隊。估計一個月內橫跨了世界四大洲，等同繞了地球飛了一圈，也就是從美洲的多倫多，飛亞洲台灣，再由歐洲法國，抵達非洲摩洛哥。

在北非遇見一位開餐館的老闆娘，當年為了三毛的故事，到撒哈拉之後落地生根，她拿手的台灣料理，終於讓我飽餐一頓，也見識到三毛無遠弗屆的魅力。我在書中引用許多三毛的經典名句，是因為她的話語像一溪流水，滋潤滾滾紅塵的心靈。離開非洲時，最難忘的是一望無際的金黃色撒哈拉沙漠，是層層疊疊的城寨艾本哈度遺址，是歷史殘骸的羅馬古城瓦盧比利斯。

回到清大博士班課程，看到克里弗德《復返：21世紀成為原住民》提到印地安人伊許的故事，常常深陷故事而無法自拔，就很想到加勒比海探索馬雅文化。雖然「博」事如麻，彷彿是一種亞馬遜河的召喚，來自遙遠的時空，有著無法解釋的魔力，催促著我航向加勒比海的探險旅程。當地導遊是馬雅人，對馬雅文化極為推崇，不認同自己被歸為墨西哥人。這種以馬雅人為榮的觀念，和書中所敘述的策略銜接對抗墨西哥霸權的精神相呼應。能將書上理論和田野調查互相印證，內心真是非常激動和充滿成就感。

搭郵輪在加勒比海，造訪墨西哥、開曼群島、牙買加三個國家。曾經在研究所聽到學者演講關係理論中的「加勒比海」，在當時，是多麼的遙遠與陌生。而如今，置身於加勒比海，更能理解整個世界的移動，就如同愛德瓦．葛里桑的關係理論，在海底合而為一，呈現世界一家的思考。

書中除了自己的真實體會和環保意識之外，最想表達旅行的拓展視野和多元思考。由於當地的歷史和地理不容竄改或移動，有些內容仍參考文獻及先行研究，若有不周之處，尚祈見諒。完成這本書的最大心願，就是希望能帶給大家歡樂。三毛把快樂當作一個傳染病，感染給周遭接觸的人，希望《非比尋常——北非、加勒比海》的歡樂也能傳染而蔓延到全世界。

王秋今

目錄

二、清大「尋常」日子

三、加勒「比」海

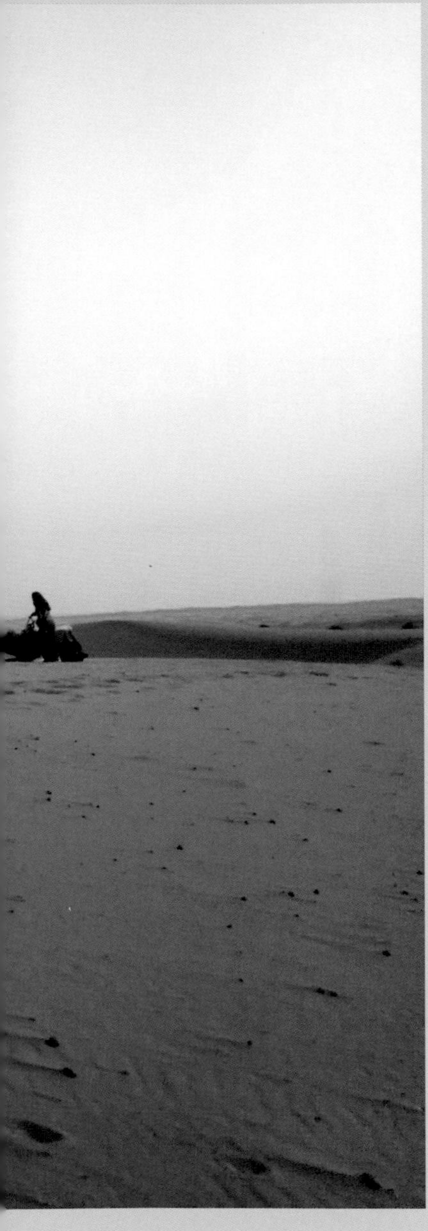

一、北「非」摩洛哥

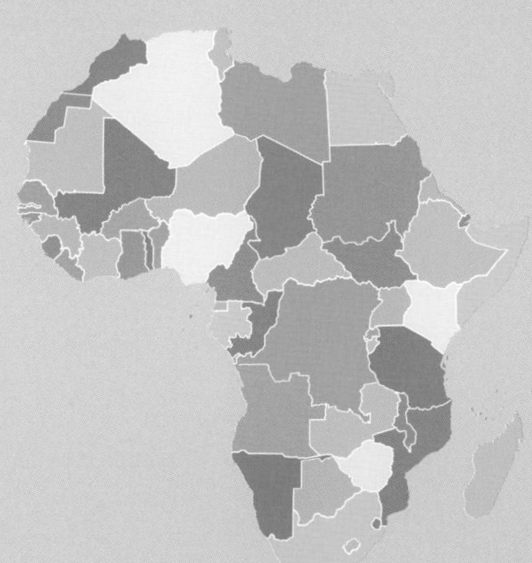

「非」人生活

旅行真正的快樂不在於目的地，而在於它的過程。遇見不同的人，遭遇到奇奇怪怪的事，克服種種的困難，聽聽不同的語言，在我都是很大的快樂。雖說一沙一世界，一花一天堂。更何況世界不止是一沙一花，世界是多少多少奇妙的現象累積起來的。我看，我聽，我的閱歷就更豐富了——三毛

同事退休後，有的在文化中心當導覽志工，有的在圖書館當義工，有的參加退休老師旅遊團，有的學習保母特訓準備含飴弄孫。而我從國中教師正式退休之後，投入學術殿堂，目前在國立清華大學攻讀博士學位。

我常常一邊開車，一邊聽法語；一邊吃早餐，一邊背單字。簡直快要得到學習法文「強迫症」，更誇張的是，已經修畢博士學分了，還「自虐」的額外選修陰陽複雜的法語語法課程，真是買鹹魚放生不知死活。上課，記不完的筆記；下課，寫不完的作業；課後，聽不完的演講。我又喜歡在課堂報告運用想像的超能力，發揮創意將教室翻轉，也把自己累得人仰馬翻。尤其，期末作業三篇論文同時進行式的絞盡腦汁，讓我不得不沉浸在包羅萬象的圖書館。每天日出而作、日落而

息，沐浴在大學校園，把書籍當面膜，討論當保養品，竟然重返美麗容顏而且越來越年輕。也許就像三毛說的，**「讀書多了，容顏自然改變，許多時候，自己可能以為許多看過的書籍都成了過眼雲煙，不復記憶，其實它們仍是潛在的。在氣質裡，在談吐上，在胸襟的無涯，當然也可能顯露在生活和文字裡。」**

小學三年級就開始看瓊瑤小說和三毛散文，甚至西方的經典文學《茶花女》和《簡愛》之類，每次在放學排路隊時看到渾然忘我，一抬頭發現所有人都不見了，只剩下我拿著書孤伶伶地站在操場中央，已是近黃昏。還曾閱讀希臘羅馬神話故事後，在家分享伊底帕斯的「弒父娶母」情節，軍人父親大發雷霆的將故事書從屋內丟到門外，這一齣希臘悲劇果然很悲劇的消失了。印象最深的是三毛流浪在撒哈拉沙漠的浪漫，尤其是在那個升學主義盛行的聯考年代，我沒有「拒絕聯考小子」的勇氣，只能當個離家出走的流浪少女。還好酷似楚留香的高中數學老師慷慨解囊三百元旅費，要不

然真要當街頭女遊民了。這段流浪插曲，在盤纏用盡時就畫下句點。可見，三毛流浪的故事多麼深植人心。

從小看著三毛的作品，對於撒哈拉沙漠的故事有著夢幻的崇拜。時至今日，才有能力與體力，讓我一償宿願。當我把《心有多大，世界就有多大》這本著作殺青時，眼科醫生就交代我要讓眼睛好好休息。而且剛從加拿大遊學回國，舟車勞頓已經是疲憊不堪，但答應小美結伴同行的北非摩洛哥之旅，還是咬牙報名參加了。心中估算了一下，這個月確定是橫跨世界四大洲，繞了地球飛了一圈，從美洲的多倫多，飛亞洲台灣，再到歐洲法國，抵達非洲摩洛哥。累到最高點的收穫是打破時差的迷思，完全沒有時差調適的過程，生物時鐘的提醒只須看太陽的升起與下山，這也是難得的經驗分享。

非洲摩洛哥是造訪的第21個國家，十月天氣約16-30度，避開非洲雨季，氣候適宜。當地時間晚台灣7小時，台北飛巴黎13小時，巴黎轉機飛摩洛哥要4小時。經過14小時的飛行，連續四年踏上歐洲，這次降落在法國戴高樂機場。機上座位很舒服，又沒有遇到機上小孩的哭鬧聲，一切順心的抵達巴黎了。

第一個景點是香提伊古堡，映入眼簾的建築物的確令人震撼，是一座壯觀的城堡。我們中午在古堡用餐，古堡的廁所非常特別，是一種地道式設計，宛如進入中古世紀。不久，搭乘飛機飛往北非，一抵達摩洛哥機場，門口就駐守著荷槍實彈的軍人，有著肅殺的氣氛。由於摩洛哥和台灣沒邦交，簽證很難申請，需要透過其他國家。而旅行社申請的是落地簽證，基於種種不說也罷的原因，一行人被滯留在機場兩小時，眼看一波波旅客都通關了，我還坐在地上枯等，玩著手機遊戲殺時間，在破了無數關卡之後，終於可以入境了。

這次北非摩洛哥團是首發團，實際上應該叫「北非探險隊」，在台灣應該沒有很多旅行社願意承辦旅遊摩洛哥的行程，通常是西班牙、葡萄牙之旅再外加摩洛哥。而此團以摩洛哥為主的旅遊，是由很多旅行社的兩三位旅客併團，再配合長榮航空公司才成行。由於是第一次出團，所以叫探險隊，連領隊也不甚熟悉當地的行程。導遊是柏柏爾人混阿拉伯人的當地人卡里，長得很像電影《玩命關頭》系列男主角馮·迪索，而他的父親就有義大利裔和非裔的血統。難怪卡里和馮·迪索有些神似，因為都有非洲血統，尤其都是光頭，身上一堆的刺青。當天的非洲巡禮，卡里就很盡心盡力的幫忙找「錯」了飯店，惹得領隊對他暴怒飆英文三字經。不過，以我旅行多年的經驗，一切平安就好，旅途中難免有些小插曲。估計了一下時間，探險隊應該有48小時沒碰到床休息，大家都快崩潰了。所以，情緒很容易一觸即發。

摩洛哥曾是法國的殖民地，以法語溝通，非常歐化的地方。從法國飛摩洛哥的英聯航空飛機，品質非常糟糕，沒有水沒有服務，廁所又擁擠。加上法國小孩驚聲尖叫，大人自顧自地大聲喧嘩，鬧得大家耳膜刺痛。我本來以為是非洲的喧嘩文化，沒想到竟是號稱優雅的法國人，超級沒有公德心的讓人神經衰弱。一般歐美國家都認為台灣人說話大小聲，現在要改變這種錯誤印象，台灣人跟別的國家比較，素質簡直是好太多了。這兩年在加拿大遊學，轟媽最受不了的是歐美學生，不僅個人衛生習慣很差，還常常喧鬧影響別人，這是太重視個人自由的結果。反觀亞洲來的學生，普遍受到青睞，因為生活自律。

初到非洲，先走馬看花的觀察了摩洛哥的「非」人生活，這個國家生活條件貧瘠，大部分土地草木不生，房屋斷垣殘壁，人卻居住其中。路上有許多毛驢，街上也有馬車。由於研究台灣原住民的自然書寫，一直以為台灣原住民生活條件弱勢，但是跟回教國家比較，相對是幸福多了。

人民的臉上笑容不多，但可以看到純樸，在冗長崎嶇的山路，老弱婦孺在緩慢步行，雖然日頭赤炎炎。看過三毛流浪記的非洲描述，當她在撒哈拉沙漠時，常常一邊開車，一邊「撿」人和牲畜，就是順便載當地走在路上的居民，而動物還在她的車上大小便。**三毛在書上說，「這是不**

同的，在文明的社會裡，因為太複雜了，我不會覺得其他的人和事跟我有什麼關係，但是在這片狂風終年吹拂著的貧瘠的土地上，不要說是人，能看見一根草，一滴晨曦下的露水，它們都會觸動我的心靈，怎麼可能在這樣寂寞的天空下見到蹣跚獨行的老人視若無睹呢？」現在終於明白，在非洲的三毛為什麼會一路的撿拾路人和動物。因為太陽很毒辣，路途很遙遠，沒有任何交通工具，只能用雙腳走在永無止盡的蜿蜒道路，這就是「非」人的日常生活。

拉拉・薩爾瑪公主

這條荒野裡唯一的柏油路，照樣被我日復一日地來回駛著，它乍看上去，好似死寂一片，沒有生命，沒有哀樂，其實，它跟這世界上任何地方的一條街，一條小巷，一條窄弄，一條溪流一樣，載著它的過客和故事，來來往往地度著緩慢流動的年年月月

——三毛《撒哈拉的故事》

馬拉喀什的飯店設備挺簡陋，廁所門板被我拉壞了，整個門掉下來，幸虧冷氣空調沒壞。雖然折騰兩天沒有好好睡眠，依然精神抖擻地從馬拉喀什出發，亢奮

又好奇的四處張望異國風情。看到街上咖啡館群聚許多男人，沒看到女人在街頭走動，就算罕見的女子也都是包著頭巾，穿著當地傳統服飾。因為回教女子幾乎足不出戶，所以街上清一色的都是男人。也造成當地男子都黑黑瘦瘦，女子都矮矮胖胖。這裡應該是女權主義的禁地，還有著男尊女卑的傳統。在這個國家女性是卑微的，回教男人可以娶四位老婆，以多子多孫為目標。還好，這個回教多妻制度，被一位身材高䠷、氣質高雅、容貌出眾的女子所打破。

她是薩爾瑪·貝娜妮，出生於摩洛哥古城非斯，大學時在一次宴會上和王子穆罕默德相遇相戀，薩爾瑪非常堅持結婚的前提必須是一夫一妻，沒有三宮六院。由於摩洛哥女人不能拋頭露面，在婚姻中是沒有發言權的，男人即使一無所有卻可以擁有三妻四妾，所以妻妾成群是普遍存在的價值觀。而且，根據摩洛哥王室傳統，國王的婚禮只能在王宮內舉行，只能邀請王室成員和親屬參加，不對外界宣布，新娘婚後也沒有任何名分。

穆罕默德國王既要恪守王室傳統，又要融入薩爾瑪的「現代觀念」，在傳統與現代中取捨，最後破天荒地對外宣布將與平民女子成婚，並舉行為期3天的新婚慶典。婚後，國王還以身作則廢除後宮，也規定國民實行一夫一妻制。拉拉·薩爾瑪不願與人共夫的觀念，備受愛戴還被冊封薩爾瑪為「拉拉·薩爾瑪公主」。**美麗的拉拉·薩爾瑪公主為提高婦女地位積極奔走，以親民、和善的形象參加慈善事業，已經成為摩洛哥女性的新偶像，她的髮型和服裝常引來大家紛紛仿效，這位灰姑娘變王妃的傳奇故事，目前還在繼續進行中。**

一路上，只有我們這一輛遊覽車，專用著一條VIP大道。萬里長征的遊覽車孤單的繞著蜿蜒山路，似乎沒有盡頭，也沒有交叉路口，公路像是一條爬在沙漠的長長蚯蚓，癱瘓的身軀無法扭動。導遊卡里看著手中的可蘭經，對著車內高談闊論的女士，驚愕的用英文說，「台灣的女人太terrible！」似乎在批評台灣女人話太多了，而且肆無忌憚。引來車上十幾位姊姊妹妹的七嘴八舌地用英文砲轟攻擊，節節敗退的卡里招架不住台灣之光，默默地看著可蘭經繼續虔誠禱告，夾著抱頭鼠竄的阿拉伯語。

從窗外望出去，路上零零星星的行者，男女老幼都是沿著公路，繞著山路默默無語的行走。偶爾會看見垂頭喪氣的驢子馱著貨物。在大太陽下，超過攝氏40度的馬路上，臉上都失去了笑容。當車上的旅客經過長途跋涉的顛簸也快要失去笑容時，終於到了休息站。這裡的咖啡非常濃醇香，不管是高級飯店的咖啡或貌不驚人的路邊攤咖啡都是非常頂級，喝過永生難忘。

摩洛哥當然賣摩洛哥油，聽說純天然的植物油可以養顏美容護膚，幾乎具有神效，這是每一個購物行程的話術，早已見怪不怪，立馬慷慨解囊買了許多產品，讓導遊、領隊、商家、櫃姐皆大歡喜。小美碎碎念，「掏錢的速度比掏槍還快，要貨比三家啊！」我三百六十度轉了一圈，「這裡黃沙滾滾，方圓百里只此一家，要去哪裡貨比三家呢？」果然，手上的摩洛哥錢幣快用完了，還用美金跟小美換迪拉姆。在上車前，卡里有帶大家到一處小房間兌換當地的貨幣，也就是1摩洛哥迪拉姆相當於3.2新台幣。

提著大袋小袋，心虛地想著家裡還有過期的韓國蝸牛霜、前年德國買的眼膜、N年的日本護手霜、冰箱裡的加拿大花旗蔘茶、不知年的青島冰酒……往事不堪回首。

艾本哈度世界遺產

生命，在這樣荒僻落後而貧苦的地方，一樣欣欣向榮地滋長著，它，並不是掙扎著生存，對於沙漠的居民而言，他們在此地的生老病死都好似是如此自然的事。我看著那些上升的煙火，覺得他們安詳的近乎優雅起來。——三毛《撒哈拉的故事》

我阿Q的用聖經話語「施比受有福」安慰自己，很快將內心的敗家受罪感拋諸腦後。尤其是到了唱空城計的時間，腦細胞集中在五臟廟，無法作太多的深度反思，望著桌上五顏六色的食物，真是令人味蕾全開。摩洛哥麵團餅是每餐必放食物，堅硬的外皮考驗著牙齒，第一次嘗鮮就退避三舍不曾舉箸。桌上會先擺著蔬菜沙拉，中間堆著米飯，通常有六道蔬菜環繞，像是青椒、番茄、高麗菜、甜菜、馬鈴薯、紅蘿蔔、瓜類、豆芽菜等，看起來五彩繽紛。

每看必「饜」的菜色，就是用傳統塔吉鍋悶煮的食材，將米飯放在最底層，固定放馬鈴薯和紅蘿蔔，還有一些不知名的豆子和橄欖，用像塔一樣的帽蓋悶熟。據說塔吉鍋料理是源自阿里巴巴的故事，當他騎著駱駝走在燠熱的沙漠時，發現頭上的高帽子脫下來，直接蓋在正在燒飯的鍋上，食物很快就熟了。這個故事聽起來很不衛生，想像中的汗水鹽分應該會在食物中添加了風味。但因為

沙漠的水資源是非常珍貴的，塔吉鍋就成為了摩洛哥的國菜，可以用很少的水做出美食。總而言之，等同地獄食物，就是難吃。

食不下嚥而吃不飽飯，就直接殺上秀色可餐的世界遺產艾本哈度，這是由防禦性圍牆圍起來的泥土城堡，一座橋連接著村裡和村外。古城很像是用一大塊大石碓砌出來，每個房屋就是小堡壘，彼此之間由狹小甬道連貫，層層相疊成固若金湯大城堡。一步一石階的登上小山丘，最頂端有座廢棄的公共穀倉，一覽壯觀美景。這樣奇特的沙漠城堡引起許多導演的矚目，像是《冰與火之歌：權力的遊戲》的HBO電視影集，《拿撒勒的耶穌》重建廣大區域，還有《綠寶石》把大門炸開一個洞，《神鬼戰士》的羅馬競技場。以及《神鬼傳奇》、《星球大戰》、《角鬥士》……都在此取景。

從前，艾本哈度是從馬拉喀什進入撒哈拉沙漠的要塞，是沙漠商旅的重要出入口，住在這裡的原住民柏柏爾人，為了守住關口，就修建了這座易守難攻的防禦之城。這樣的泥土建築物有著柏柏爾人的傳統，柏柏爾人在歷史上是有名的剽悍好戰的民族。

伊斯蘭教出現後，中東的阿拉伯人逐漸征服了柏柏爾人，改變了他們的宗教信仰觀，但是古老的原住民傳統依舊潛伏其中，成為北非特色。令人驚嘆不已的，是在沒有先進科技文明的原始村落，竟然能從地形惡劣貧瘠的沙漠，創建出美麗繁複的棲息防禦之地，真是令人瞠目結舌，難怪會被列為值得妥善保存的世界文化遺產。

مرحبا بكم في قصر أيت بن حدو
Ksar Aït Ben Haddou
Bonne visite!

我一步一腳印的走在這千年的古蹟上，於斷垣殘壁中遙想當年的風華。在電影出現的廢墟場景，看起來似曾相識，卻又如此陌生。想起三毛說，「狂渴和酷熱就像瘋狗一樣咬著我不放。」這裡的太陽像岩漿，熱得讓人融化，我卻不減熱情，緩緩地爬到最高點，俯瞰四周河流環繞，果然是渾然天成的城堡。在毀壞的土牆裡，依然住著商家，牆上吊掛著五彩繽紛的服飾，地上擺著不知名的石頭和鍋碗瓢盆，仔細欣賞每一件飾品，沒有一個是一模一樣的複製品，看起來應該都是純手工製作，有著當地的原始原創風味。

在非洲看了很多泥製的房屋，即使破敗傾頹還是有人居住，原因是泥土不易導熱，就算受到日正當中的太陽毒辣曝曬，厚厚的泥土牆壁搭建的房子，還是能保持清涼宜人。我覺得

有點像台灣早期的土角厝，在六零年代的台灣，有很多以稻草攪泥堆疊成房屋牆壁，瓦片作為屋頂。由於泥土比熱較大，吸、散熱皆慢，所以泥土磚建成之房屋冬暖夏涼。此外，泥土磚以泥土及稻草為原料，建材成本低廉又取得方便，也因此成為台灣開發初期常見的建築型態。但一遇到下雨天，就可以看到土牆剝落的粒粒稻殼，摸起來很粗糙，坑坑疤疤很難看，後來就改建為紅磚屋了，現在就成為水泥叢林。平心而論，非洲的土牆還是比較有思古幽情，有著百看不厭的餘韻無窮。

土製的房屋最怕水，一旦下雨積水就可能導致泥土龜裂破損，這應該是非洲泥土房屋會坍塌的原因。然而，從觀光客的角度而言，在錯落有致的城牆廢墟，感受到光陰的故事，真是美得一「場」糊塗。

最大製片廠亞特拉斯

早晨的沙漠，像被水洗過了似的乾淨，天空是碧藍的，沒有一絲雲彩，溫柔的沙丘不斷地鋪展到視線所能及的極限。在這種時候的沙地，總使我聯想起一個巨大的沉睡女人的胴體，好似還帶著輕微的呼吸在起伏著，那麼安詳沉靜而深厚的美麗真是令人近乎疼痛地感動著。——三毛《撒哈拉的故事》

亞特拉斯製片場是世界上最大的片場之一，入口處就矗立著幾座高聳的法老雕像及人面獅身，走進片場裡彷彿走入了古埃及，裡面完整的保留了所有的電影場景，比起西方環球影城太過商業化的拍片場，這裡顯得更有歷史滄桑與真實感，因此每年也吸引了大量的觀光客朝聖。

亞特拉斯製片廠曾經是許多鉅片的拍攝場景，像是木乃伊系列的《神鬼傳奇》，令人震撼的沙漠奇觀，很多都是在摩洛哥拍攝。這部電影在1998年於摩洛哥馬拉喀什開拍，劇組在撒哈拉沙漠拍攝17個星期，必須忍受酷熱脫水、沙塵暴和蛇的各種挑戰。我很喜歡看各種冒險尋寶電影，像是《神鬼奇航》、《神鬼傳奇》系列都是必看電影。除了帶學生上華納威秀看電影之外，也在任教學校的化妝進場表演，不顧形象的扮演伊莉莎白·斯旺女海盜，穿著蓬蓬裙帶領著一群海盜學生，乘

著精心製作的巨型鬼盜船，拿著各式各樣殘酷武器「殺」進校慶慶典。

摩洛哥城市大都聚集在綠洲，城鎮相距非常遙遠，旅途中巴士拉車時間長達三、四個小時，才有下車休息的地方。小美說北疆絲路拉車時間更久，這算是輕鬆「拉」了。行車道路只有主要的一條筆直大道，沒有任何交叉路口，也沒有紅綠燈佇立。蜿蜒曲折的黃土山路，冗長的車程，讓人坐得腰酸背痛。不過，相較於走在炙熱道路兩旁的當地居民及驢子，我絲毫不敢抱怨。

由於，在巴士上的時間很多，領隊馬克殺時間聊著摩洛哥的被殖民血淚史。車上有人進入夢鄉、有人玩著手機、有人專注聆聽，我拿著筆認真作筆記，對於非洲摩洛哥的弱勢族群，油然升起同「殖」相憐情感。因為列強對亞洲和非洲的殖民侵略，所造成的歷史傷痕，就連台灣也不例外，還籠罩在帝國主義殖民的創傷記憶，延續著後殖民時代。

第一次摩洛哥危機，是歐洲列強覬覦摩洛哥為殖民地而引起的國際危機。在1905年德皇威廉二世出訪摩洛哥，宣稱將會保護摩洛哥的獨立，使德國與法國關係變得緊張。後來歐洲列強達成決議，承認摩洛哥的獨立，但是法國和西班牙對摩洛哥有控制權，嚴重惡化了強國之間的關係。

第二次摩洛哥危機，是德國派出黑豹號戰艦到摩洛哥港口阿加迪爾，宣示德國在摩洛哥的利益。由於摩洛哥發生部落起義，法國藉機派兵攻占首都非斯。德國則要求法國土地補償，戰爭一觸即發。英國態度強硬支持法國，德國被迫退讓，承認摩洛哥為法國保護國。法、摩兩國簽訂《非斯條約》，摩洛哥正式淪為法國的殖民地。

摩洛哥人民為反抗列強殖民主義者之統治，自1911年起展開血腥抗爭，由阿希巴（Al-hiba）領導之反殖民戰爭。法國、西班牙兩國部隊約有三萬人喪生，摩洛哥人則約有十萬人捐軀。這場死傷慘重的流血戰爭，說出殖民地弱勢族群不願被列強統治的反抗決心。歷史上的摩洛哥為反抗列強法國、西班牙殖民主義的統治，曾經展開反殖民戰爭的慘烈，讓人聯想到電影《神力女超人》就是在描述第一次世界大戰的戰爭場景。有趣的是電影中一名配角沙米爾，就穿著摩洛哥傳統服裝扮演間諜。導演用真實世界的摩洛哥裔飾演虛構電影中的摩洛哥人，是否隱藏著為弱勢族群發聲的深刻意涵？

以色列女演員蓋兒．加朵飾演黛安娜，召集了三位夥伴並肩作戰，其中一名是法裔的摩洛哥間諜沙米爾，由父母都是摩洛哥的柏柏爾人的法國男演員薩伊德．塔馬歐尼飾演這個角色。還有蘇格蘭狙擊手查理，是由蘇格蘭籍的男演員艾文．布萊納飾演。以及印地安原住民走私客酋長，由出生於加拿大艾伯塔省的凱奈國家保護區尤金・布瑞・洛克飾演。在影片中，他們組成了團隊來到比利時的西方戰線；在真實世界裡，每個人有著自己國家的族群血淚史。他們對於戰爭的侵略與殖民的壓迫，都無法置身戰爭之外。不論戲裡戲外，導演所刻意安排的角色國籍，隱含著彰顯弱勢族群的力量。

故事生死存亡結局，所影射的強權國家與弱勢族群的消長，非常值得深思。《神力女超人》的女主角黛安娜在指揮塔上成功殺死了德國將軍魯登道夫，擊敗了西班牙的馬洛後，再將假扮英國爵士的氣焰囂張阿瑞斯炸成了灰燼。在煙硝瀰漫的破碎背景，倖存的摩洛哥人沙米爾、蘇格蘭人查理和印地安酋長從殘骸走出，這時黎明升起戰爭結束。最後一刻的勝利，是屬於力量雖然微小卻是不容忽視的弱勢族群，而代表殖民強權的德國、美國、西班牙、英國等列強，都在劇中都被擊潰。大快人心的劇情，刷新了全世界的票房紀錄。

世外桃源的陶德拉峽谷

沙漠中有一大峽谷，千萬年前為大河床，尚有如桌大一片小水池，池周密密長滿小草，我細看尚有黃色小花，心中受到很大的啟示，芥草在沙漠中，尚且依水欣欣向榮，而我們為人者，環境的挫折一來，就馬上低頭，這都是沒有了解生命奧祕的人所處的心境，我想沙漠可以學到很多功課。——三毛

摩洛哥最壯麗的陶德拉峽谷，有垂直的山壁和清澈的溪水，別具風格的傳統建築依山傍水，其中，最美的是與世無爭的溪流光陰。當地居民無視外來的觀光客，男女老幼在溪水中過著日常生活。我腦海不斷的在問：這些戲水的孩童，都不用上學

嗎？在水中取水的婦女和溪旁聊天的男子，也不用上班嗎？他們的生活步調緩慢得令人匪夷所思。**難怪三毛說，「生活，是一種緩緩如夏日流水般地前進，我們不要焦急我們三十歲的時候，不應該去急五十歲的事情，我們生的時候，不必去期望死的來臨，這一切，總會來的。」**摩洛哥居民有著夏日流水的歲月，不像現代人的忙忙碌碌又汲汲營營。

陶淵明所寫的〈桃花源記〉始終令人神往，「林盡水源，便得一山。山有小口，彷彿若有光，便舍船，從口入。極狹，纔通人；復行數十步，豁然開朗。」電視劇《蘭陵王》林依晨所居住的封印地方，就彷彿是一個與世隔絕的人間仙境，然而總是感到人工造景的做作與虛構。侯孝賢導演拍的電影《刺客聶隱娘》，影像中蘊藏古樸情懷，拍攝聶隱娘一行人走出了洞口，看見「土地平曠，屋舍儼然。有良田、美池、桑、竹之屬，阡陌交通，雞犬相聞。」的景致，鏡頭中的老人、小孩、婦孺怡然自得，小村落雞犬相聞，就非常貌似陶淵明的世外桃源想像。

侯孝賢追求的寫實在拍攝過程做到了極致，風是自然的風，霧是等待的霧，雲是久候的雲，常常花很長的時間在等待真實的景物。而人物的衣服飾品，房間擺設的色調，簾幕飄起的靈動，都在銀幕上呈現原汁原味，用心考究卻不添加人工調味，顯出清新自然的寫實。寫實的前提是要有足夠的耐心，等光、等風、等霧氣變幻、等雲聚雲散，等演員進入最自然的狀態。於是，人與自然才能達成了最親密合一交融，影像中人物是在真實「生活」，而不是在聚光燈下「表演」。如此苦心孤詣，不愧成為金馬獎最佳導演。但是，身歷其境的陶德拉峽谷，根本不用等待任何場景，在溪水潺潺

聲中，婦人汲水飲用，小孩拾石玩樂，男子泡腳冥思，峭壁光影緩緩移動，這才是名副其實的桃花源生活。

摩洛哥的陶德拉峽谷就是一個古樸生活的世外桃源，理所當然地與大自然同步，理直氣壯的和溪水相互依存，科技文明的發達影響當地居民很有限。世居本地的柏柏爾山村居民依然過著和祖先一樣與世隔絕，對外界置若罔聞。摩洛哥是一個傳統的穆斯林國家，雖然幾經戰火的侵擾，現在除了幾座大城市之外，其餘的村莊仍然保持了千百年來的生活方式，尤其是摩洛哥的原住民柏柏爾人，世界的變化與陶德拉峽谷似乎是毫無關係。網路傳頌的**楊絳百年感言，「我們曾如此渴望命運的波瀾，到最後才發現，人生最曼妙的風景，竟是內心的淡定與從容。我們曾如此期盼外界的認可，到最後才知道，世界是自己的，與他人毫無關係。」也許，柏柏爾人早已洞悉人生的百年智慧了。**

沙漠中的美麗與哀愁

撒哈拉沙漠是這麼的美麗，而這兒的生活卻是要付出無比的毅力來使自己適應下去啊！——三毛《撒哈拉的故事》

非洲摩洛哥大都信仰阿拉，我所遇見的當地居民是友善的。在往撒哈拉沙漠的途中休息站，經過賣水果的市集，有位穿著粗布短衣的攤販老人，說著含糊不清的阿拉伯語，兜售賣相不佳的石榴，竟然主動剝開一個石榴要給我品嘗。

當下，我以為是強迫推銷，心裡有點不舒服。黝黑熱情的手遞出石榴，操著我聽不懂的土著語言，皺紋中的微笑讓我不忍拒絕，於是，收下剝了一半的石榴，掏出零錢給他，他揮著手拒絕，不是為了做生意，而是為了友善。

同行好友勞勃說他在台灣聽到太多提醒，都是耳提面命著落後國家的偷拐搶騙，所以出國在外，會無時不刻在提防大手小手。而我從善意的出發點，主動掏出零錢投桃報李，對方也無條件付出友善，證明良善是可以互相傳遞感染的。

摩洛哥普遍看得到貧窮，常有小男孩兜售當地物品。有些社會化嚴重的大男孩常常纏著觀光客，會死皮賴臉的推銷用植物編成的小蚱蜢或小青蛙，甚至一路跟上遊覽車，令人觀感很差。我並不在乎這些小錢，在乎的是「態度」，若小小年紀不懂得尊重別人，勢必得不到別人的尊重。我也不喜歡被強迫消費，更不想助長這種殺風景的風氣。

比較特別的，是在當地市場遇見的一位小男

孩。那天看到的小男孩長得很清秀，白皙的皮膚有大大的眼睛和深邃的輪廓，臉上有著灰色汙垢，穿著破破爛爛衣服，大約六歲左右，靦腆兜售鞋子吊飾，但又害羞的躲在後面。記得兒子六歲時，正是熱衷組合各式各樣的機器人，還蒐集神奇寶貝的周邊商品，正是無憂無慮的快樂童年，而這位小男孩卻是皺著眉一臉苦相，必須沿街叫賣飾品，天壤之別的境遇真是「同人不同命」。我主動走近他，跟他買了一個，好友見狀也發揮同情心要跟他買吊飾。

正在掏零錢的時候，有個大男孩來搶生意，小男孩眼眶一紅就哭著跑走了。我想，背後應該有著弱肉強食的故事。團友勞勃當時不在現場，以他的同情心，如果有足夠的現金，可能會一時衝動全部買下來。他有杜甫「安得廣廈千萬間，大庇天下寒士盡歡顏」的胸懷，我卻從一個小男孩看到美麗非洲的哀愁。

三毛曾訝異的說，「物質的文明對人類並不能說是必要，但是在我們同樣生活著的地球上居然還有連鏡子都沒有看過的人，的確讓我驚愕交加，繼而對他們無由地產生了一絲憐憫。這樣的無知只是地理環境的限制，還是人為的因素？我久久找不到答案。」在三毛那時候，**是物質匱乏的撒哈拉沙漠，時至今日，匱乏的沙漠依然是沙漠。**

想起從小就聽過的阿拉伯著名民間故事《天方夜譚》，還有卡通版的一千零一夜的故事，童話故事中充滿著想像力，可以讓人從真實痛苦的情境，進入想像的世界，使得人們身處於苦難也不至於絕望。童話式的善有善報、惡有惡報結局，可以鼓舞生命的力量。所以，童話故事不只是兒童的最愛，也是成人「超越」現實世界的解脫。如同善用童話敘述的香港作家西西在《母魚》的後記中說的，**「《一千零一夜》是我深喜的舊典範，講故事的人由漫漫長夜一路講到天亮，不斷思索也不停搜索，留神聽客的反應，隨時變換敘述的策略，照福柯所說，這其實是抗拒死亡的方式。」**對於沙漠中的小男孩，希望他能聽過阿拉丁神燈的故事，從故事中獲取單純而直接的力量。

征服沙漠的柏柏爾人

昨日與朋友們去沙漠中開車奔馳，又見海市蜃樓、奇景，忽然危塔孤聳，忽而城郭連亙，劈空而來，超拔可喜，忽而大風吹去，縹緲虛無，是空是色，然後返虛入渾，化實為虛，色皆相空，可謂天下奇觀，恐怖之極。——三毛

在這一片黃沙瀰漫的地方，有著最美麗的沙漠風情。三毛說，「對懂得欣賞它的人，它是無價的，對不懂得的人，它一文不值。」

我們隨著吉普車在沙漠中飆到時速一百七十，全車的人有種玩命關頭的極速快感，誰在乎能不能看見明天的太陽，在節奏明快的狂野音樂中，縱橫沙漠公路。

有時會遇到高低起伏的地形，就像坐雲霄飛車，在大家驚聲尖叫之後，笑著抓緊車內把手，繼續享受狂飆甩尾。路旁的成群駱駝張大眼睛，習以為常的看著沖天的沙漠風暴。

抵達沙漠旅館，是難得一見的異國情調。大家在偌大的中庭，以天空為屋頂，以沙漠為地毯，天寬地闊的吃著當地塔吉鍋晚餐。一旁還伴隨著原住民的鼓聲，宛如回到了原始的蠻荒時代。

夜深，寂靜無聲，四周呈現空靈的狀態。好友趙薇小聲喊著大家抬頭看滿天的星斗，在無光害的沙漠，星星又多又大得嚇人，可以張大嘴巴數著星星。台灣正過著中秋節，望著一輪明月，果然非洲的月亮比較美。

但一入住原始風味的沙漠旅館，就會發現洗澡水斷斷續續，冷氣忽大忽小，電燈忽明忽滅。在鬼影幢幢的陰影下，讓我整個晚上都在胡思亂想，會不會有蠍子在床邊出現？

整夜在半睡半醒之間，記掛著要在天沒亮時摸黑深入撒哈拉沙漠，準備騎著駱駝在沙漠中看日出。走出門就看見一群駱駝排隊等候，每一隻駱駝的個性不一樣，有些還會亂發脾氣，扭動身軀抗議，嚇得

孫日新拍攝

我小鹿亂撞。等坐上駱駝，當牠瞬間加速站立的那一剎那，心臟差點跳出來。

騎著駱駝漫步在層層疊疊的無垠黃沙，是一件很浪漫的事。沙丘會隨光線的變化，展現出金色、粉色、橘色、咖啡色的美麗色澤。

當領隊馬克喊著大家快點爬上山丘，因為太陽快出來了。我從駱駝身上叫好得跳了下來，興奮地往前奔跑，越跑越發現寸步難行。因為在細沙中，每一步都是困難的，常常「無法自拔」的陷落沙中。對我而言，要爬上山丘看日出，是一件不可能的任務。

我膠著在陷落的沙堆中，隨著體重越陷越深，再怎麼努力都無法動彈半步，只好放棄無謂的掙扎。三毛的撒哈拉故事曾

說，有一次荷西不小心陷入沙漠的流沙，三毛又差點被三位當地歹徒非禮，荷西只能在陷落的沙堆中憤怒地喊著，「我要殺了你們！」三毛趕緊開車逃走甩掉歹徒，再回到現場將自己衣服撕成條狀結繩，救出了荷西。

周圍的隊友也是泥菩薩過「沙」自身難保，在時間不斷的流逝中，身陷流沙的恐懼鋪天蓋地而來。我低頭想著電影中的女主角每次遇到危險時，都會有一位男主角像神話一般不合邏輯的出現，但隨即失望的認清自己不是電影中的女主角，深深地嘆了一口氣。驀然，有一隻手憑空而來，是柏柏爾最帥的男生阿拉丁，他用拖的方式，將我像貨物一般的拖上沙坡，真是太沒有電影美感了，想像中的畫面應該是「公主抱」才對。被拖行的公主臉色蒼白而虛弱，阿拉丁不斷的鼓舞著快到沙丘了。當我艱難地從沙堆中爬起來，很幸運地看見萬丈光芒的日出好美，而阿拉丁伸出的援手更美。能在沙漠之丘與三五好友們盡情在柔軟細沙上大笑，看著太陽躍出在一望無際的天空，這是一生中最美的記憶。

孫日新拍攝

勞勃打趣著說他有看到阿拉丁「英雄救美」的這一段，就像是老鷹叼著小雞。下山時，純樸的阿拉丁拉著我，擺上了一張鮮豔地毯，邀請我坐在毯子上，這是他的特別服務，只為博得茉莉公主一笑。他在前面用溜滑梯的方式拉著毯子滑下山坡，就像阿拉丁魔毯飛行，他叫我抓緊地毯，不要飛出來。他為了讓我開懷大笑而拚命加快速度，跑到連鞋子都掉在半山腰，真是太難忘的回憶了。

聽說，這是一種特殊禮遇。不過，阿拉丁也玩得挺開心的。

當阿拉丁牽著駱駝回到沙漠飯店前，他跪在沙地，打開布包裡的石頭造型紀念品，用柏柏爾語言支支吾吾的說著，害羞得都不會推銷產品。語言的隔閡讓銷售情

形不如預期，謙卑卻略顯失望的表情，比起那把聲音哭出來的市場小男孩，這位大男人的內心不比那位小男孩堅強多少。

撒哈拉沙漠雖然生活條件困窘，我卻很喜歡非洲柏柏爾族的純樸靦腆，他們每天看天、看沙、看駱駝，過著玩沙的日子，有著世界各地難得一見的乾淨眼神。他們沒有都市的算計，比台灣小學生還要單純，從小只要學習著跟駱駝相處。而我們騎著駱駝漫步在無垠無涯沙漠，真是一輩子珍貴的經驗，難怪三毛會選擇住在沙漠，我也很嚮往在非洲住一段時間來滌清俗慮，趙薇笑說，「三毛就是過慣單純日子，才不能適應現實生活而走上絕路。」

三毛心中的撒哈拉沙漠是充滿千變萬化之美，「我舉目望去，無際的黃沙上有

寂寞的大風嗚咽地吹過，天，是高的，地是沉厚雄壯而安靜的。正是黃昏，落日將沙漠染成鮮血的紅色，淒艷恐怖。近乎初冬的氣候，在原本期待著炎熱烈日的心情下，大地化轉為一片詩意的蒼涼。」多情的三毛遇到多舛的感情世界，或許黃沙滾滾，才能掩埋所有紅塵舊事。

不過，還是很推崇三毛的放慢生活步調以及勇於自我實現的想法，她說，「生命的過程，無論是陽春白雪，青菜豆腐，我都得嘗嘗是什麼滋味，才不枉來這麼一遭啊！」對於撒哈拉沙漠的美麗與哀愁就像是回到原初的生命，是一種隨著沙漠起伏的緩緩流動，不用和時間賽跑。而世界這麼大，我想去走走。

沙漠的神祕兵團

如夢如幻又如鬼魅似的海市蜃樓，連綿平滑溫柔得如同女人胴體的沙丘，迎面如雨似的狂風沙，焦烈的大地，向天空伸長著手臂呼喚嘶叫的仙人掌，千萬年前枯乾了的河床，黑色的山巒，深藍到凍住了的長空，滿布亂石的荒野……這一切的景象使我意亂神迷，目不暇給。——三毛《撒哈拉歲月》

《神鬼傳奇》是1999年的美國冒險電影，由史蒂芬・桑莫編劇並執導，放浪不羈的布蘭登・費雪和有腳書櫥的瑞秋・懷茲分別飾演男女主角，是一部很有趣的電影，電影的場景在摩洛哥沙漠。為了重現古埃及的文化，電影中的古埃及文都經過細心考證，聽起來更真實。劇中女主角名字是伊芙琳，與發現古埃及法老圖坦卡門墳墓，當時主導掘墓的英國埃及學家喬治・赫伯特伯爵的女兒名字雷同。

最吸引我注意的是以色列男演員歐迪・費爾在電影中飾演沙漠貝都因人神祕兵團領袖阿德斯・貝，他臉上的刺青非常醒目，黑色的頭巾和蒙面，平添神祕色彩。這群剽悍黑衣人部隊守護地下陵墓，不讓印和闐復活，其實他們就是貝都因人（Bedouin），意指「居住在沙漠的人」，就是在沙漠曠野中過遊牧生活的阿拉伯人。部落族人只聽酋長跟部族長老的話，無視政府的存在。雖然現代化潮流席捲全球，貝都因人仍選擇過著與幾千年前祖先逐水草而居模式，聽說都不用上學。

《神鬼傳奇》的故事應該與圖坦卡門的墳墓被盜相關，當英國埃及學家喬治·赫伯特伯爵與考古學家霍華德·卡特在1922年發現古埃及圖坦卡門的陵墓，挖掘出近五千件珍貴陪葬品，震驚了全世界。而詭異的是，發現墳墓的一群人在1923年陸續死亡，被媒體大肆渲染成「法老的詛咒」，意指任何打擾木乃伊的人的詛咒，據稱會導致厄運、疾病甚至死亡。

電影《神鬼傳奇》似乎就延續這個真實事件，拍成1923年的一場戰爭中，探險人瑞克與他狡猾的同伴班尼，意外發現了被毀壞的哈姆納塔城。1926年，一位很有抱負的埃及學家，開羅圖書館管理員伊芙琳從哥哥喬納森手上得到了一個結構複雜的盒子和一份地圖，地圖指向的目標是哈姆納塔。瑞克帶領伊芙琳和喬納森一行前往亡靈之城，他們遇到了由英國知名埃及學家艾倫・張伯倫博士帶領的一幫美國尋寶人，嚮導是班尼。到達哈姆納塔後，貝都因人神祕兵團阿德斯・貝曾襲擊警告，亡靈之城內埋葬著可怕的惡魔，會造成可怕災難。財迷心竅的尋寶隊自然不予理會，果然造成木乃伊印和闐復活的驚險死亡經歷。在「法老的詛咒」的意義上，暗示著詛咒的不可思議力量。

《神鬼傳奇》在摩洛哥的馬拉喀什沙漠進行了拍攝，其中最震駭的畫面是遮天蔽日的印和闐沙塵暴，吞沒了溫斯頓先生駕駛的小飛機。這一幕聯想到膾炙人口《小王子》所述的飛行員墜機於撒哈拉沙漠的情節，這是安托萬．德．聖修伯里的親身經歷。1935年他與副駕駛安德烈．普雷沃在飛行了19小時後，飛機因故障不幸墜於撒哈拉大沙漠。兩人都在空難中奇蹟生還，但緊接面臨著沙漠酷暑，嚴重脫水的挑戰。當時他們只有一張簡單地圖、幾串葡萄、一瓶咖啡、一個柳橙、一點酒和一天量飲用水。過了不久，兩人就看到了海市蜃樓，又脫水到了一滴汗都流不出。直到第四天，一個貝都因人騎駱駝路過時，用土法救了兩人的性命。

真實世界的喬治．赫伯特考古隊發現埃及墳墓，連結《神鬼傳奇》影片中女主角伊芙琳的名字；1922年探險隊發現古埃及圖坦卡門的陵墓，發展到電影1923年的一場戰爭場景；貝都因人救了空難《小王子》作者情節，延伸到影像中的守護陵墓的沙漠部隊……真實的故事穿梭在虛構的情節，在地景中抽絲剝繭，觸動許多物外之趣。這些發生在摩洛哥沙漠的故事，一天又一天的被傳誦，直到一千零一夜。

古羅馬遺址的瓦盧比利斯

在這兒，無窮無盡波浪起伏的沙粒，才是大地真正的主人，而人，生存在這兒，只不過是拌在沙裡面的小石子罷了。——三毛《撒哈拉的故事》

抵達古羅馬遺址瓦盧比利斯，觸目可及的都是石頭，大石頭疊著大石頭，小石頭散落著小石頭，沒有一個石頭的形狀是一樣的，每一顆石頭都刻劃著歷史。站在幾千年前的石頭上，只覺得任何一個人都比不上一顆石頭。

三毛在《撒哈拉歲月》描述了摩洛哥和茅利塔尼亞要瓜分西屬撒哈拉的風雲年代，有著不勝唏噓的恩怨戰亂。遠古的瓦盧比利斯始建於公元前3世紀，是一座羅馬古城，曾經是古代茅利塔尼亞人的首都，後來成為羅馬帝國的重要前哨基地。當時建了許多精緻的建築物，包括大教堂、卡比托利歐神廟和凱旋門，現在尚保存這些多樣的考古遺跡。瓦盧比利斯遺址是世界遺產，是羅馬帝國最西邊的軍事據點。從殘存的遺址上，發現有俄耳甫斯的房子，艾弗伯斯帶柱廊的房子，維納斯隨從的房子，高利爾那斯的浴室，可以想像當時的風華絕代。這裡相傳曾由尤巴二世和塞勒涅女王統治，塞勒涅女王就是埃及豔后之女。

美國加州女作家米雪兒．莫倫在各個考古據點累積經驗，撰寫了許多歷史小說，其中《豔后的女兒》就是描述塞勒涅女王的故事。

故事要從埃及豔后說起，她是來自埃及托勒密王朝。托勒密王國深受希臘化文明影響，拒絕學習當地的埃及語言，埃及豔后不但會說埃及語，還接受古埃及信仰和神靈，被認為是聰慧女神的化身。

根據古埃及的傳統，她與親弟弟托勒密十三世結婚並共治，但埃及豔后為了專權而遭到放逐。後來她為了奪回政權，色誘凱撒重攬埃及的統治大權。

當凱撒遭到刺殺，埃及豔后就

和安東尼一同對付凱撒的繼承人屋大維，在戰爭中失利後，安東尼自己結束生命，埃及豔后也跟著自殺死亡。屋大維併吞托勒密王國，殺害並俘虜了埃及豔后的子女塞勒涅等。屋大維後來成為羅馬帝國第一位皇帝，稱奧古斯都。他把塞勒涅嫁給了努米底亞國王尤巴二世聯姻，並立她為努米底亞的女王，成為奧古斯都皇帝堅定的盟友。

尤巴王和塞勒涅女王回到努米底亞（柏柏爾人王國）進行統治，但是沒多久，就爆發了反對統治的起義。因為當地人反對全國實行羅馬化政策，於是紛紛起義，導致了內亂。他們被迫離開努米底亞，來到茅利塔尼

亞繼續進行統治（包括現在摩洛哥的瓦盧比利斯遺址）。據說，尤巴二世制定的政策很大程度上受塞勒涅女王的影響，茅利塔尼亞王國逐漸繁榮興盛，成為當時地中海商品出口和貿易的中心之一，是羅馬帝國最發達的附屬國。於是，茅利塔尼亞的文化藝術建築，綜合了古埃及、古希臘和古羅馬的建築風格。腳下踩的摩洛哥瓦盧比利斯遺址，是一個國家融合了不同文化的興亡盛衰。

塞勒涅從小是出身不凡血統高貴的埃及公主，不但是埃及豔后的掌上明珠，更是父親安東尼無比的驕傲。然而在父親戰敗身亡、母親含恨自盡後，塞勒涅從擁有萬般寵愛的尊貴公主，淪為任人屈辱擺布的階下囚。當她被屋大維當成戰利品一樣地帶回羅馬後，塞勒涅清楚明白，她若不是成為聯姻的傀儡工具，就是政治利益下的犧牲品。

身為埃及公主「頭銜」，除了必須面對國破家亡的殘酷現實外，更為自己不幸的命運感到日夜惶恐不安。因為，她早已不再是那個無憂無慮的埃及公主，而是羅馬帝國的囚徒。總有一天，屋大維會把她像「貴重商品」一樣交易，不管是用來籠絡年紀老邁的開國元老，或是用來誘惑鄰國的國王，她都只能接受命運的擺佈。埃及公主塞勒涅從一個十歲女孩歷經國破家亡，從天堂掉入地獄心路歷程，實在令人無限感慨，即使貴為埃及公主，仍是浩瀚沙漠中的一粒沙子，身不由己。我很慶幸自己的自由自在，能努力的賺錢再努力的花錢，想做什麼就做什麼。三毛說，「自由自在的生活，在我的解釋裡，就是精神的文明。」

時至今日，埃及豔后仍是世界知名的人物，她的美麗故事在許多文學、戲劇、電影作品中上演。她被公認是歷史上的尤物，充滿知性、美貌和性感，還成功的征服當時西方世界最有權勢的男人。塞勒涅女王在歷史上以身為埃及豔后之女聞名，而她與國王尤巴二世的結合，共同將茅利塔尼亞治理得井井有條，成為當時的文化重鎮，也就是在摩洛哥瓦盧比利斯遺址，在斑駁的廢墟中仍然可見當時的繁華盛世。

卡薩布蘭加看《北非諜影》

人生是戲。今日出將入相，明朝嬉笑怒罵，總有落幕的一天。戲散的時候，為自己拍拍手，給他人鼓鼓掌。笑一笑，我走了，不帶一片，揮一揮手的雲彩。——三毛《三毛的最後一封信》

北非摩洛哥這個國家的名字來源，是阿拉伯人來到這片土地時，發現西邊是一望無際的大海，又有偌大的太陽，就以落日（MOROCCO）來稱呼摩洛哥，其中的寓意是「陸地的盡頭」。這次來到城市是大家耳熟能詳的卡薩布蘭卡，當年葡萄牙入侵此地，看到當地的房屋多為白色，就命名為Casablanca。卡薩布蘭卡會如此知名，功不可沒的是不朽經典電影《北非諜影》。

漫長的拉車行程，領隊在巴士上播放《北非諜影》，黑白的螢幕，模糊的場景，實在看得昏昏欲睡。而令人驚奇的是這部電影竟然被稱為世界史上最成功的經典電影之一，不但榮獲1944年奧斯卡的最佳影片、最佳導演，和最佳改編劇本獎，劇中的角色、劇情、主題曲都成為了一種文化標誌。台灣五年級生對於片中懷舊旋律，應該都不陌生。

演出陣容相當國際化，以那個年代的電影製作而言，是難得一見的跨國合作。主要演員是男主角亨弗萊·鮑嘉（美國人）飾演瑞克·布萊恩，在卡薩布蘭加開「瑞克美式咖啡」，是個長袖善舞、率性而為的酒吧老闆。女主角英格麗・褒曼（瑞典人）飾演伊麗莎・倫德，是維克多的妻子，堪稱「到訪過卡薩布蘭加的最美麗的女子」。保羅・亨雷（奧地利人）飾演維克多・拉塞，是自由法國的民主鬥士，多次從納粹集中營逃出及詐死。

三位演員演出劇本中的老梗「三角戀情」，時空背景也是老舊的戰爭元素，連男女主角的高顏質也都是老套的俊男美女組合，這讓我很想一探究竟這部電影為什麼會成為舉世推崇的作品？連美國哈佛大學在期末考試週都會放映《北非諜影》，這個傳統一直持續到了今天。

故事發生在二戰期間，玩世不恭的瑞克在卡薩布蘭卡開了一家「瑞克美式咖啡」的酒吧。他有兩張可以從納粹占領區前往中立國葡萄牙的通行證，在擠滿了難民的卡薩布蘭卡，這兩張通行證毫無疑問是無價之寶。

瑞克和伊麗莎曾在巴黎墜入情網，因德軍逼近而決定一起逃難，但上火車前瑞克竟收到伊麗莎告知不能同行的紙

條。多年以後的咖啡館「巧遇」，卻看到伊麗莎跟她的的丈夫維克多，正打算逃往美國。維克多希望瑞克手裡的通行證，能幫助他們離開卡薩布蘭卡，但瑞克記恨前嫌拒絕合作。伊麗莎跟瑞克解釋多年前違約緣由，是因為她誤以為丈夫死在集中營，在臨去火車站前得知他仍在人世且身染重疾。兩難之中，伊麗莎選擇了放棄愛情而去照顧病危的丈夫。

於是，瑞克願意協助維克多夫婦逃亡，而維克多也願意成全瑞克和伊麗莎的戀情。劇終，瑞克忍著內心的痛楚，目送情人離他而去。當警察追到現場，所長雷諾反而下令把警察都引開，這對老朋友一同消失在霧氣濛濛的黑夜中。

《北非諜影》之所以被西方人奉為經典，是否對愛情太過於理想化？抑或者對於愛國又過於神聖化？促成這部影片能在浪漫愛情方面懂得取捨，回歸家庭的倫理關係，成全了社會制度；又能在愛國意識方面堅守情操，認同國家民族，為偉大的革命情懷奮鬥不息。因此，劇情滿足了西方當時的時代背景，成為家庭、社會、國家的模範，就成為了完美的「鉅片」。

《北非諜影》故事地點為卡薩布蘭卡，摩洛哥會成為拍攝地景的重要原因，就在於摩洛哥危機是第一次世界大戰中具舉足輕重的關鍵，也是許多國家覬覦之地而擁有獨特的跨國色彩。當然，還有北非的浪漫異國風情為此片增色不少，摩洛哥有層層疊疊的蜿蜒山路，在黃土大地有綠洲點綴，周圍綿延海灘和無邊無際的蒼穹，獨特的地理景觀和人文歷史，是很有「北非花園」魅力。不過，弔詭的是，這部電影所有的場景從未在卡薩布蘭卡取景拍攝，全片是在美國的攝影棚內或外景拍

攝。因此，來到卡薩布蘭卡的「瑞克咖啡」，只是商人再現電影景物的行銷策略，讓觀光客「見景生情」而幻想影片中的愛情故事。

非斯古城的毛驢

風，突然沒有了聲音，我漸漸地什麼也看不見，只聽見屠宰房裡駱駝嘶叫的悲鳴越來越響，越來越高，整個的天空，漸漸充滿了駱駝們哭泣著的巨大的回聲，像雷鳴似的向我罩下來。

——三毛《撒哈拉的故事》

回教一天敬拜五次，我常在清晨六點，被啊啊啊禱告聲吵醒。到了非斯古城區，還常看到許多民眾聚在一起宗教聚會。街上大都是黑瘦男人，很少見到的女人，似乎因為少出門活動而大多顯得豐滿。這裡有大大小小數不清的巷弄，要跟

緊領隊，以免一轉眼就失蹤了。當地以手工銅器，木材，皮革聞名。皮革是用鴿糞，動物尿液浸泡而更柔軟。我們在複雜曲折的巷弄穿梭，到了一家皮革店，店內空氣充滿濃濃的皮革味，讓人呼吸困難，我在窒息之前趕緊爬上頂樓，呼吸新鮮空氣並俯瞰古城染料風情。

非斯古城是北非史上第一個回教城

市，也是摩洛哥千多年來宗教、文化與藝術中心，是摩洛哥四大皇城中最古老的一座，舊市區的徒步區，彷彿數百年來的生活都沒有改變，像是一座活生生的博物館，最富象徵意義的城市，曾被美國地理雜誌評為全球最浪漫的十大城市之一，因為非斯舊城保存了部分古老城牆和石塔，以及為數眾多的清真寺。

但是，我認為最值得瞻仰的是哈桑二世清真寺，位於卡薩布蘭加的大西洋海岸上，彷彿位於天涯海角的世界盡頭，顯得氣勢萬鈞。當天海上霧起瀰漫，恍若海市蜃樓，如幻似真。清真寺籠罩在霧氣迷濛之中，充滿著神祕的回教遐思。這是由摩洛哥國王哈桑二世發起並捐資籌建，建材有華麗的大理石和馬賽克磁磚，富麗堂皇的威尼斯水晶玻璃處處可見，外觀宏偉壯麗內部金碧輝煌，這座莊嚴神聖的曠世建築物，堪稱晶光閃閃的世界奇蹟。

公共廣場附近是典型北非城市，舊建築與現代建築的混合。尤其是非常現代化電車突兀的縱橫在非常老舊的街道，旁邊的廣場佈滿男性的當地居民。我閒坐在露天小雜貨店喝著頂級咖啡，觀看這充滿性別歧視的國家，有點像60年代重男輕女的台灣。由於摩洛哥服飾很有特色，入境隨俗買了一襲藍色摩洛哥傳統服飾吉拉巴（Jellaba），圍上台灣的圍巾，只露出一張臉，常常引起一些阿拉伯男子的側目，就在哈桑二世清真寺前和好友拍照時，摩洛哥旅

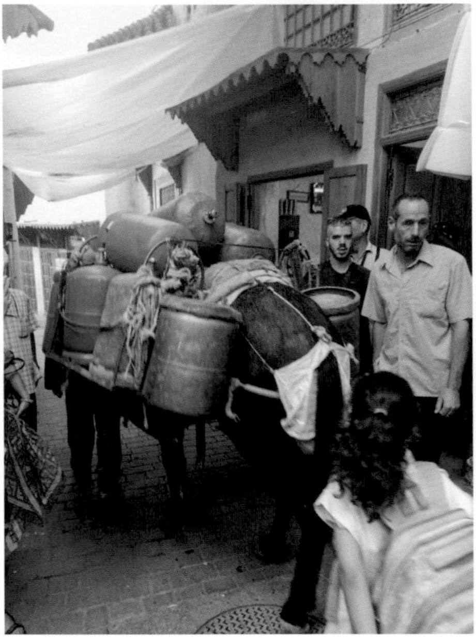

者跑來熱情讚美風情萬種。柏柏爾原住民更會直接表達好感，給予許多特殊的禮遇，是原始而單純的示好，還會明顯爭風吃醋。而在背後曖昧私語的阿拉伯人，更是赤裸裸地的行注目禮。我想他們應該是很少看到女人，腦海閃過「母豬賽貂蟬」這句台灣軍中諺語。

在擁擠的市場中，背負重物的無奈驢子常常擦身而過，身後的主人無視驢子不堪負荷的遲緩腳步，只會使用吆喝或鞭打催促。看到最恐怖的鏡頭，竟然是一隻駱駝的頭顱懸掛在商家門口。這種景象，如果發生在台灣，動保人士應該會發出強烈的抗議，摩洛哥這個國家似乎沒有動保意識。摩洛哥的大街上，常看見馱著貨物的驢子和馬車行走在公路上，與現代化的汽車和公車交通工具並行。坐在最新型的巴士上，看到一隻脫逃的驢子，漫無目的地狂奔在公路，身上傷痕累累，佈滿鮮血的背部隱約見骨，應該是超重的貨物所造成的血肉糢糊，讓人看了於心不忍。這頭驢子似乎是從虐待的主人手中逃出，驚慌失措的四處張望，牠能逃到哪裡呢？

陳維祖拍攝

終究要遠離非洲，自北非摩洛哥搭3.5小時到巴黎，再由巴黎直飛13小時到台灣。從飛機上俯瞰非洲，是驚心動魄的光禿禿一片，呈現非常乾旱的景觀，這是地球環境危機的警訊。閉上雙眼，腦海斧刻的還是一望無際的金黃色撒哈拉沙漠，其次是層層疊疊的城寨艾本哈度遺址，最後是歷史殘骸的羅馬古城瓦盧比利斯。旅途佈滿了許多不可思議的挑戰，余光中說過，「旅行會改變人的氣質，讓人的目光變得更加長遠。在旅途中，你會看到不同的人有不同的習慣，你才能了解到，並不是每個人都按照你的生活方式在生活。這樣，人的心胸才會變得更加寬廣。」從西方到東方，從亞洲到非洲，世界各民族不同的文化、不同的生活方式、不同的觀點，在旅行中會讓視野像沙漠般遼闊。

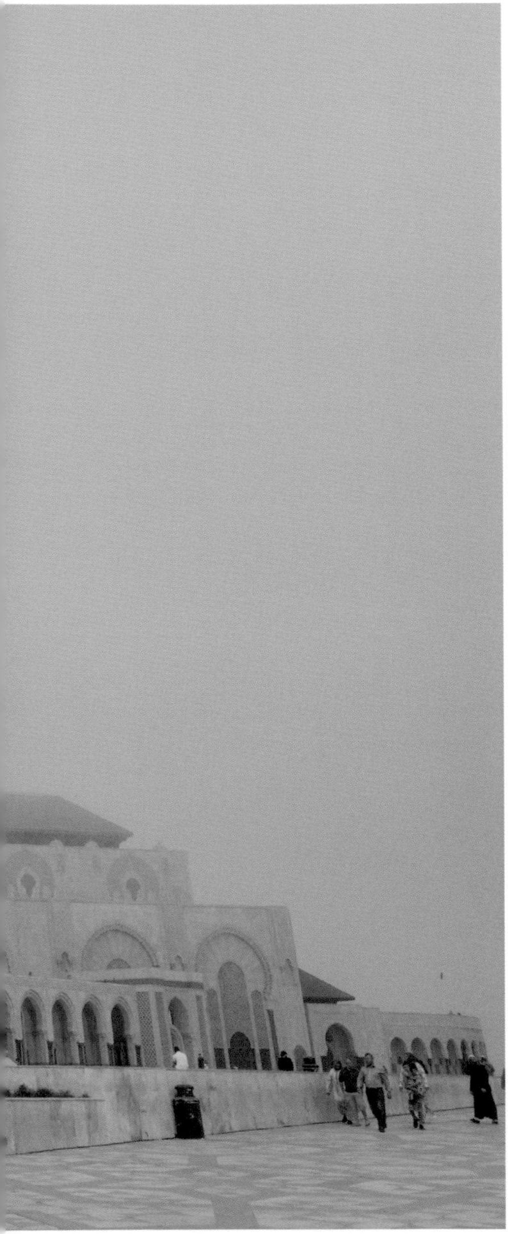

二、清大「尋常」日子

南征北討發表會

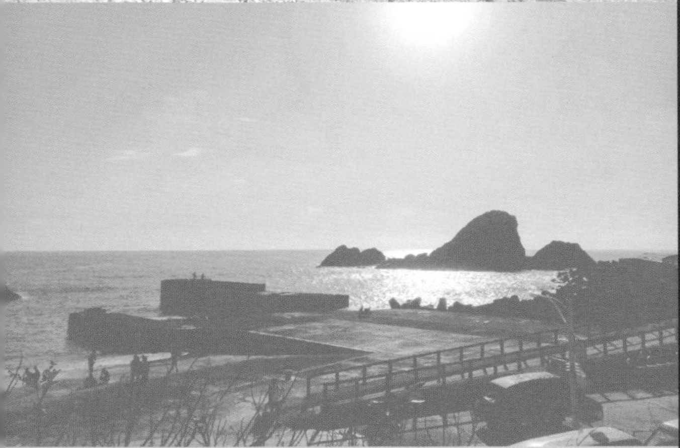

原住民的大自然

人，是最怕認識自己的動物。——三毛《撒哈拉的故事》

第一場參加的論文發表會，就是嘉義大學舉辦的「2017年原住民族研究論文發表會」。原住民中心非常誠摯邀稿，希望分享原住民族相關領域的研究成果與實務經驗，以充實原住民族論文發表之深度與廣度。同時也鼓勵透過此一共同參與的交流平台，針對原住民族之相關議題提出更多元的新思維與創見，作為後續推動原住民族學術研究與實務工作之重要參考。我的論文投稿後，順利進入學生組優選名單，還要發表之後才會公布正式名次。當天，我以非原住民身分獲得優選組論文第二名，除了精緻的圖騰獎牌、獎狀，還有二萬元的獎金。

發表的論文題目是〈當代台灣原住民文學的自然書寫〉，台灣「當代」的自然書寫要到八零年代才有顯著的發展，而弔詭的是，台灣原住民作家的自然寫作常被歸類為「山海文學」，而不是「自然書寫」。我想將原住民的山海文學納入自然書寫文類，可以與主流文學對話。

原住民作家夏曼·藍波安的文字書寫具有自然書寫的特色，他的文學作品不僅具備豐富專業的海洋知識，而且長期親身實地踏查海洋的自然生態，是符合自然書寫的範疇。不過，不可否認的是他的生態觀點是以「人類中心」為出發點，所著墨的環境保護的永續發展仍涉及生存生計，以及達悟族文化的保存。他會為了生計生活而理所當然獵殺海洋動物，大量的在書中描述「海底下」的真實獵殺行動。同樣的獵殺反映在亞榮隆·撒可努的作品中，他書寫各式各樣的動物生命型態與真實獵捕過程，構成一個人與動物、自然密不可分的新視界，使讀者對於獵人的獵殺行為不會視為一種「野蠻」，反而是形成生態平衡的觀點。而拓拔斯·塔瑪匹瑪《最後的獵人》所描述的布農族獵人式微，竟也引起台灣文壇同情的迴響。由此可見，原住民獵殺動物的文化傳統，在自然生態的平衡中，藏著原住民的生態智慧。

台灣原住民作家在描述與大自然的互動過程，是融入大自然之中，甚至化為「動物」與各種動物鬥智、動腦、溝通。尤其在書寫原住民獵人，不只是會狩獵技巧，最重要的是要達成與自然生態的平衡關係，也就是需要懂得解讀和判別大地訊息，以敏銳的觀察力，融入大自然的一切變化，了解山林的氣息律動，是一種與大自然合而為一的境界。有時候連手帶腳像猴子爬行，有時候像游動潛行的蛇，有時候像山羌在峭壁跳躍，有時候又像山豬彎腰低頭，不是用文明走路，而是融入野蠻世界。

亞隆榮·撒可努形容在獵場上的父親一刀刺入山豬的心臟，卻雙手親撫著山豬，口中念著感謝之詞，對於獵殺的動物，必須給予祈禱與祝福。獵人會把動物當成人看待，把自己也想成是動物，就會了解牠們的習性，聽得懂牠們說的話。在獵人的觀念裡，只有當獵人把自己當作是整個大自然

其中的一份子，尊重大自然中的一切的生物，體會到人和萬物之間並無差別，是成為獵人的重要第一步。對獵人而言，接受自然的野蠻和殘忍，是一種物種延續生命的方法和過程，完全禁獵的保育政策，只是讓某種物種過於繁衍而加速生態之間的不平衡。

拓拔斯・塔瑪匹瑪描述布農族獵人在進入山林前，要先放空而進入動物植物的思考模式。除了對山林環境有相當的熟悉度，包括山川、氣候、棲地的深層認識，還必須敬守長老交代的戒律與禁忌。像是各部落獵場互不侵犯，可確保各獵場的動物不被濫獵。布農族只在特定季節捕捉獵物，且絕不趕盡殺絕。遷移也是利用土地的一種方式，使區域內的山林生態得以保存，也使整個族群生活得以持續下去。這也正是部落的祖先為了保護生態環境，而流傳下來的生態智慧。

我曾聽過夏曼・藍波安的演講，他曾明白說出自己「不想被主流文化馴化」的堅持。他的腦紋深刻感受到自己的寫作風格是「未馴化的文學」，是主流華語文學中的「放逐文學」。而夏曼・藍波安一再堅持自己的文學是「放逐文學」，並不願意被歸類為「自然生態作家」，是不願意自己被放在漢人的主流文學的脈絡中，因為主流文學對原住民文學的理解是「疏離」的，沒有真正去親身體驗原住民的實際生活，他的作品不願被稱為「自然書寫」，寧願以「放逐文學」自稱。

從夏曼・藍波安流變浪人鰺融入礁岩的海洋書寫，亞榮隆・撒可努流變飛鼠深入山林的動物書寫，拓拔斯・塔瑪匹瑪流變山羌入住山洞的森林書寫，可以看到這些具有自然書寫特色的原住民男性作家流變動物又獵殺動物，刻畫與漢人自然書寫作家不同書寫角度。台灣漢人自然書寫作家大都是以保育動物為出發點，像是廖鴻基的護鯨，劉克襄的愛鳥，吳明益的化蝶。但原住民作家會描述獵人化身為動物後而漁獵動物，他們和動物形成一種既同盟共生又弱肉強食的自然書寫。

雖然，原住民作家著意的重心不在於自然書寫，而是部落族人的文化與自身和大自然互動的描述。原住民作家的寫作，是關切族人的文化與生活，自然的天空、海洋、草原、山陵，隨時隨處可見可入，反而無須特地關注。而遠離自然的城市人才會特別留意自然還在與否，這是原住民族作家中沒有那麼多自以為是自然書寫者的原因之一。但值得注意的是，原住民所居住的地區，不僅保存了動植物的多樣性，更蘊藏著環境保護的生態智慧。

還記得在摩洛哥大街逃亡的驢子，北非當地居民似乎沒有保育動物的觀念。所以在沙漠公路或市場，會看到負載過量貨物而傷痕累累的毛驢。**其實動物是地球生物的一份子，牠們也有生存的權利。人類自我中心的思考，常常將弱勢的動物推入萬丈深淵，導致動物瀕臨絕種現象。許多動物有著堅持回原棲息地的執著，有著人類無法理解的想法，也是有血有肉充滿感情。我真的很同情北非動物的處境，當人類對於動物有著弱肉強食的優越，動物的存活勢必仰「人」鼻息。但是，尊重動物生命的價值，不對動物虐待造成痛苦，這是文明人應有的觀點。我常常在思考人類和動物，到底誰比較野蠻？**

註：本章部分文字摘自拙文〈當代台灣原住民文學的自然書寫〉，《2018年原住民研究優選論文集》。

分分合合的野蠻文明

分析起來，這種對於異族文化的熱愛，就是因為我跟他們之間有著極大的差異，以至於在心靈上產生了一種美麗和感動。——三毛《撒哈拉的故事》

當我在加拿大多倫多遊學時，就接到台灣人文學社的論文入選通知信件，非常的興奮。台灣人文學社年會是在台灣師範大學英語系舉行，此次主題為「分分合合沒關係？」我入選的論文題目是〈野蠻文明：台灣原住民作家的生態智慧描圖〉。這篇是最早入選的論文，因為台灣人文學社年會時間比較晚，所以就成為我的第二場論文發表會。

夏曼．藍波安提到野蠻與文明是兩條平行線，他認為是人類與自然環境的親疏關係，越接近自然環境生活稱「野蠻」，越遠離自然環境生活叫「文明」。而他無法精確的選擇這兩條平行線，最後在飛魚季節晚間出海捕魚，尋找一個「寧靜」的空間。就是作家描繪一個由原始自然視野所刻劃的野蠻生活場域，提供了生態智慧圖像。法國瓜達希的《三維生態學》，提出了人類主體性、社會關係和自然環境三環相扣的生態理論，亦即將精神生態學、社會生態學和環境生態學聯繫的三維生態思考。他強調除非人類對自己進行徹底的反思，否則人類歷史將有不復存在的危險，只能通過闡述三維生態學，以擺脫時代的重大危機。基於三環相扣的生態理論模型打橫切過自然生態、社會生態與心靈生態的理論視野，瓜達希致力發展出一種具有「橫越性」的思想方法。這個理論可以用來解釋台灣原住民部落、社會、個體的三個面向的複雜連結，形成所謂的三維生態學，就像原住民的「生態智慧」。

瓜達希提及阿爾及利亞年輕人的起義，促進了西方生活方式與各種形式的原教旨主義之間的雙重共生。這裡指的應該是阿爾及利亞從法國獨立後執政，民族解放陣線是聯合政府最大的政黨，與西方關係密切。但是許多阿爾及利亞人並不感到滿意，他們反對民族解放陣線的中央集權式的統治。後來，伊斯蘭拯救陣線在1991年出乎意料地在議會選舉投票獲勝，但隨後遭到了軍方干涉，為防止出現一個由極端主義者領導的強權政府，阿爾及利亞內戰隨之爆發，直至2002年結束。北非國家的戰爭衝突，有些與西方文化入侵相關。三毛在《撒哈拉歲月》書中也提到摩洛哥海珊國王，召募軍隊向西屬撒哈拉沙漠進軍，占領了大部分的撒哈拉沙漠領土。

我在非洲摩洛哥，發現瓜達希提出的觀念是指西方生活方式和伊斯蘭教生活的雙重共生模式，也就是當地阿拉伯人接受了原住民柏柏爾人的生活習慣，柏柏爾人也接受了回教和阿拉伯語，呈現出差異共生。北非阿拉伯人占大多數，然而隨處可見的原住民「庫斯庫斯」小米食物，就是柏柏爾人的傳統食物。另外，柏柏爾人的文化沒有因接受回教文化而消失，反而成為獨特的北非文化。這是於北非摩洛哥觀察的現象，阿拉伯人和柏柏爾人呈現差異共生的型態。不過，摩洛哥旅遊中，看到阿拉伯人卡里導遊，似乎有些強勢和狡猾，而隨車的柏柏爾人阿山就顯得弱勢和退縮。

台灣原住民作家作品中的差異共生，夏曼．藍波安、亞榮隆．撒可努和拓拔斯．塔瑪匹瑪三位原住民作家也有描繪文明與野蠻的差異共生。夏曼．藍波安有著文明世界的光環，使他必須跟上時代的腳步。相對的，他也渴望回到蘭嶼，脫掉身上一切文明枷鎖，沉入海底和各式各樣的魚類周旋，運用簡陋的魚槍、傳統的拼板舟、原始的漁獵，進入野蠻的「自游」自在空間。他不斷的來回穿梭在野蠻與文明，心中嚮往著寧靜空間，這樣的空間是連結了個人的思維、部落的傳統、自然的場域三個方面。夏曼．藍波安在《老海人》一書中的浪子達卡安故事中，再次說明心中的寧靜空間，希望能用「寧靜」來看世界，將自己置身在自然環境裡萃取「寧靜」的層次。這是將自己腦海中原始部落和現代文明的精神生態，置入在達悟族世世代代傳承的部落社會生態，發展出一個令人神往的自然生態環境。

以亞榮隆．撒可努而言，在經歷都市文明的挫敗，返回原鄉跟著父親上山打獵，在森林的野蠻空間，已經化為山林中的一種「動物」，與各式各樣的動物動腦鬥智，神遊其中，並運用與動物之間的語言，像是飛鼠大學、山豬頭目、山羊市集、博士學位的山豬、夜間部的飛鼠等。他在森林中打獵的主體性是寧靜空間的精神生態，打獵的過程也連結了排灣族傳統習俗的社會生態，對待動物與自然的觀念更體現獵人禁忌的環境生態。亞榮隆．撒可努曾在《走風的人》書中描述一個像「侏儸紀公園」和「大金剛」電影一樣壯觀的紅谷世界，自己彷彿是被送回原始時代。文中對於紅谷的描繪，形容樹幹像卡車輪胎般粗的樹林，以及藤蔓、山蘇、青苔層層纏繞。亞榮隆．撒可努發現了原始之美，他並不想改變這天然美景，而是接納原始自然。

拓拔斯．塔瑪匹瑪在《最後的獵人》所形容的「森林」，在環境生態學方面連結鳥、風、野獸和落葉的聲音，以及未受汙染的泉水和魚；在社會生態學方面將部落的獵人與發福的公務員做為對比；在心理生態學層面指出森林是書中主角比雅日孤獨的心靈可以找到安慰的地方。拓拔斯．塔瑪匹瑪的森林閾境和夏曼．藍波安的寧靜空間，以及亞榮隆．撒可努的紅谷世界，描繪出原住民三維生態學。

國外知名學者詹姆斯．克里弗德在著作《復返：21世紀成為原住民》提及夏威夷歷史學者麗麗卡拉．肯埃雷海瓦說，**「有趣的是，夏威夷人把過去稱作『在前面的時間』。他們一般不會去想未來，但萬一想到，會稱之為『在後面的時間』。情形就像夏威夷人是牢牢站在當前，背對著未來而**

定睛看著過去，致力為今日所遇到的兩難尋找歷史答案。這種取向在夏威夷人看來非常符合實際，因為未來總是未知，而過去總是富於輝煌和知識。」夏威夷人努力進行的主權運動，包含在鄉村加強芋頭栽種、恢復傳統草裙舞、復興本族的知識與語言等。正是「背對著未來而定睛看著過去」，但不是回到過去的單一進行式，而是「一種循環性的時間，透過回憶向後走之後再向前走。」往返於當前的難題與過去的經驗，企圖在未知的未來，連結過去的智慧。

如同台灣原住民作家從都市文明復返部落野蠻文化，有著野蠻與文明的分分合合。夏曼．藍波安的飛魚季節，亞榮隆．撒可努的紅谷世界，拓拔斯．塔瑪匹瑪的黑暗森林，都在這「寧靜」的空間，腦海思考著過去野蠻的部落文化，卻身處在現代的文明社會，而生態的問題不得不透過回憶向後走，走進古老的生態智慧後，才能再向前走，走向一個「生態智慧」。

非地與越界的蘭嶼

最初的人類如同地球上漫遊野地的其他動物，在大自然的環境裡辛苦掙扎，只求存活。而後因為自然現象的發展，使他們組成了部落，成立了家庭。多少萬年之後，國與國之間劃清了界限，民與民之間，忘了彼此都只不過是人類。——三毛《簡單》

中華民國比較文學學會的第四十一屆年會暨國際研討會「新世紀的醫療人文研究」，在交通大學人社三館舉行。這次研討會場面雖然盛大，但我已經一掃過去在台上的緊張和焦慮，能夠從容不迫的面對學者來賓的詰問，也能在很短的時間內做好周延應對，甚至得到現場教授的讚許。這要歸功於我在清大尋常日子中，宋代理學課程上台報告的魔鬼訓練。

我發表的論文題目是〈非地與越界：田雅各《蘭嶼行醫記》的跨文化醫療轉譯〉，與最近新冠肺炎疫情蔓延全球的議題具有相關性。冠狀病毒除了挑戰醫學，也考驗人性，更彰顯出醫學人文的重要性。醫學人文是醫療生涯中，對人文素養的強調。醫生的工作不只是在於疾病的診斷及治療，也必須在與病人的互動中，從各角度關懷病人。尤其，在醫療過程中，充滿各種疾病的挑戰，唯有醫護人員的專業和無私奉獻精神，才能守護著每一個人的健康。而在八零年代的台灣，就有一位布

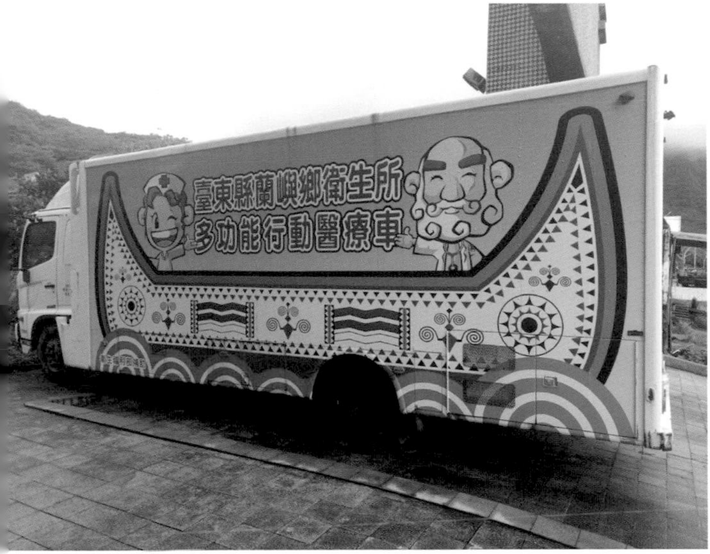

農族醫生作家田雅各，自願到離島蘭嶼行醫，以專業的醫學背景及醫學人文的關懷，開啟了台灣原住民醫療書寫。

1987年田雅各到醫療資源嚴重不足的外島服務，在蘭嶼三年八個月的行醫日子，用73篇散文書寫《蘭嶼行醫記》記錄當地的醫療故事。他以原住民的視角及醫學人文素養，進入蘭嶼衛生所門診與巡迴醫療。我還為了探索蘭嶼衛生所，特別造訪達悟人居住的蘭嶼，從事身歷其境的田野調查。他在蘭嶼行醫具有「非地」的空間移動，也就是「非平地」的行醫在偏遠山海、「非地面」的連結空中與地面救援、「非地區性」突破本島與離島限制。同時，身為布農族醫生作家的多重身分，以「越界」跨越傳統與現代醫療、布農族與達悟族文化、原住民與漢人疆界，扮演文化翻譯者的角色。

在山與海的對話中，田雅各「非地」醫療的空間移動，是一種「非平地」的醫療。也就是說，他不是在醫療資源充裕的平地區域行醫，而是以巡迴醫療車移動在資源極為匱乏的山海地區。台灣原住民族群大都居住在偏遠的山海部落，鮮少能在四通八達的都市平地而居。所以「非地」的第一個層面是「非平地性」，是指田雅各要在交通極為不便的環海蘭嶼進行巡迴醫療。田雅各的「非地」醫療，在某種意義上也指稱著「非地面」的意涵。當他在蘭嶼行醫時，衛生所簡陋的醫療設備往往不足以治療重大病患，而空中救援就成了生死存亡的關鍵。當飛機停駛時，就等於緊急醫療停止，所以在「非地面」的意義上，飛機在天空的移動成為田雅各「非地」醫療特色。田雅各的空間移動也是「不自限地區性」的「非地」概念，他可以安居於布農族山林，也可以行醫在蘭嶼海邊，更可以移動在大島和小島之間，突破各種族群界限。我會創造「非地」這個概念，是想到原住民的居住環境宛如「非人」生活。

到蘭嶼的交通真的非常不方便，如果選擇海上行船，不僅會暈船而且風險很大。當船隻故障原地隨波擺盪，宛如大海中的一片葉子，一不小心成為海神的祭品。我終於理解夏曼・藍波安在《大海浮夢》的獨木舟「飛拉號」橫渡南太平洋的恐怖。航行期間，不但經歷輕度颱風暴雨的襲擊，還提心吊膽遇上強盜洗劫與被漂浮原木群撞沉。在所有文明機器無法使用之際，夏曼・藍波安在黑暗的海洋中只能靠蘭嶼達悟族傳統的海洋知識，而這些古老的航海知識主要是依賴星星、風向、潮流。若要搭乘小飛機，卻很難訂到票，有人排了三天三夜才排到。而且，飛機太小，在空中的風險更大。我想起蘭嶼衛生所護士蔡邑敏，隨直升機護送病患墜機殉職。蘭嶼的交通，真的迫切需要改善。

田雅各處在多重文化的蘭嶼，他的行醫過程能理解並尊重達悟族的傳統疾病文化。田雅各曾遇見一達悟小男孩兜售布包中的小動物，他被布包內疑似貓頭鷹的動物，幾乎嚇昏。付了五百元代價後，打開布巾仔細觀察小鳥，本想如尊敬貓頭鷹般當場放生，但是看見牠懸吊在半空中的骨折斷肢，喚醒行醫者的良知，就只能擔任「鳥醫生」將其帶回療傷，等治療痊癒後放生。

而這隻「動物」對不同的族群代表著不同的意義。布農族深信貓頭鷹是護送布農胎兒的鳥類，是非常受尊敬疼惜。而達悟族夏曼・藍波安曾註解似貓頭鷹的角鴞，在達悟人傳統觀念是惡靈的傳聲筒。而蘭嶼角鴞在台灣是受文化資產保存法及野生動物保育法保護的物種，國際自然資源保育聯盟更把蘭嶼角鴞納入世界瀕臨絕種鳥類紅皮書。由此可知，對於「角鴞」的看法，不僅不同的族群有不同的見解，甚至連結到國家與國際的環保疆界。田雅各能運用智慧，從各種族群思考的角度，做出對「動物」最適合的跨族群轉譯方式。

在原住民的場域中，「動物」是擔任非常重要的角色，稍有不慎，很容易引起族群糾紛。田雅各就遇到達悟人要為「已焚燒毛皮的羊」到衛生所驗傷。起因於軍人的台灣狗咬傷了山羊，達悟人不忍山羊痛苦掙扎哀號，來驗傷前就先烤了。因為豬羊是達悟人重要的財產，各種祭儀的禮肉，或饋贈親友的禮品，豬羊肉不是解決口腹之慾，想吃就殺。既然確實是台灣狗惹禍，就應該照蘭嶼島人的習慣，用金錢賠償以停止爭端。而且，烤過的羊肉仍屬於羊主人的所有權。台灣軍人對「羊財兩失」而憤怒難平，有年輕達悟人用閩南語翻譯解釋，如果在台灣撞毀別人的車，賠款修車之後，車子當然屬於原車主，和達悟人拿走賠償羊的金額及烤羊的道理是一樣的。由此可以看出台灣人和達悟人的思維是迥然不同的，沒有「達悟人用閩南語」的跨文化轉譯，彼此都很難理解對方的想法而爆發衝突。

甚至，有架飛機因故失事，專家鑑定是蘭嶼當地迷你豬有嫌疑，台灣當局與地方政府協商，規勸島民將迷你豬用豬圈管制。當地達悟人無法置信這樣的法令，他們認為是飛機撞死迷你豬，萬萬不相信迷你豬會去撞飛機，應該是要把飛機圈起來，飛機就不會去撞死迷你豬了。原住民非常尊重動物，所以監禁迷你豬的辦法，只是台灣人的思考模式。田雅各行醫在蘭嶼，也進行著「越界」跨文化轉譯。

千百年下來，原住民的文化生活與自然萬物形成良好的相互依存關係。布農族田雅各指出日本與國民政府尚未登陸蘭嶼之前，海洋與森林曾經是達悟祖先共有的生存領域，他們很自然地與大自然共存。排灣族亞榮隆．撒可努的父親所秉持的獵人哲學，就是與自然共存得到的哲理。達悟族夏曼．藍波安將拼板舟視為森林與海洋的連結，活化了漁獵文化與海洋的依存關係。這些原住民作家都書寫部落文化與大自然相互依存的密切關係，因此，「相互依存」是原住民族群很重要的理念，包括人與大自然的共生共存，人與人之間的獵物分享，部落與部落的互助合作。

銜接、表演與翻譯的擴展

一本好書，靜靜抱坐讀到日月無光，人就在書裡起伏，掩而不聽那塵世喧囂，這世間最寧靜的快樂。——三毛《送你一匹馬》

我接到靜宜大學主辦的「第十六屆全國台灣文學研究生學術研討會」的優良論文信函時，真是出乎意料之外的驚喜。根據主辦單位的公告：「本屆研討會預定邀請20位研究生發表論文，其中〈銜接、表演與翻譯：台灣原住民自然書寫作家的同時望向兩邊〉等論文，經學者評定為本屆優良論文，特此公告。」這次的發表會，除了再度得到優良論文之外，也為系上爭光，使中文系也在全國台灣文學研討會中占有一席之地。

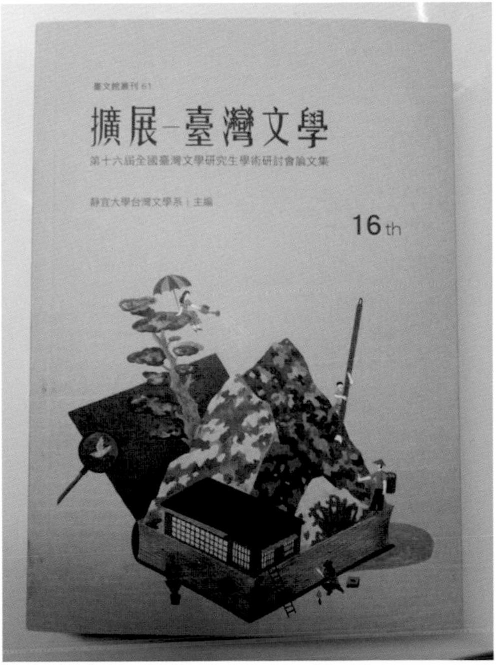

當代台灣原住民作家在作品中的自然書寫特色，我以自然書寫的基本共識，將原住民作家亞榮隆．撒可努、夏曼．藍波安和拓拔斯．塔瑪匹瑪的作品，納入當代自然書寫範疇，以期與主流文學有更多的對話。再更進一步，將此三位原住民作家作品除了具自然書寫特色，也在復返部落之後，運用了銜接、表演與翻譯的方式，在主流文化中擴展原住民的路徑。像亞榮隆．撒可努的《山豬．飛

鼠・撒可努》書寫排灣族獵人森林生態，夏曼・藍波安的《大海浮夢》敘述達悟族的海洋故事，布農族的拓拔斯・塔瑪匹瑪的《蘭嶼行醫記》紀錄蘭嶼的跨文化醫療。他們往返於過去與未來的「同時望向兩邊」，不但重返過去的傳統部落，也擴展未來台灣原住民文化的新路徑。

台灣原住民自然書寫作家亞榮隆・撒可努，因都市生活挫敗而受創的心靈，返回原鄉跟著父親上山打獵，生活在各式各樣動物的山林空間，雙腳踩在熟悉部落的踏實感，重新獲得大自然療癒的力量。打獵的過程也連結了排灣族傳統習俗的獵人哲學，對待動物與自然的觀念更體現出獵人禁忌在現代生態平衡的重要。他回到過去的傳統獵人生活，找到原住民生態智慧的新契機。他採取的「銜接」方式，是重返故鄉成立部落青年會，創辦獵人學校從事文化工作的重要銜接。2013年亞榮隆・撒可努在原住民族電視台主持《部落行腳》，介紹部落的傳統文化，這是他與媒體另一種形式的銜接。2019年集結原住民各方的凝聚力，打造的「拉勞蘭部落德伯斯創史家屋」正式完工落成，銜接來自四面八方的不同族群，包括了排灣族、卑南族、阿美族、太魯閣族，甚至是漢人和外國人。

夏曼・藍波安提到野蠻與文明是兩條平行線，他認為是人類與自然環境的親疏關係，越接近自然環境生活稱「野蠻」，越遠離自然環境生活叫「文明」。「野蠻」與「文明」的二元對立現象，不管是資本主義主導的第一世界或是社會主義控制的第二世界，都自視為現代化文明象徵，截然不同於野蠻落後的第三世界。而夏曼・藍波安提出基於達悟文明的不同解釋，「野蠻」不再只是

「文明」的對立面，而是達悟語的「兇悍」，兇悍的性格是與呼應自然環境的鼻息，融入人格化的生態環境。他在野蠻與文明之間，回歸蘭嶼汲取達悟族原初的豐饒。夏曼．藍波安的海洋書寫創作了《大海浮夢》，他懷抱著航海夢的「爛夢想」，乘著有蘭嶼圖騰獨木舟在南太平洋航海冒險「表演」，雖未抵達美國洛杉磯終點，卻抵達國際航海文化交流活動，擴張了達悟族的版圖與疆界。

拓拔斯．塔瑪匹瑪曾說明自己寫作目的，是因為發現中國境內被併吞歸化的邊疆民族，其文化都已經消失在中國文史。因此他盡己所能記錄布農族生活圖像，以免如同少數民族般消失。從歷史的角度，世界各地的原住民是少數族群，常常受到殖民或吞併的待遇。而且，隨著時代的進步，大部分的原民群體依然貧窮與落後，欠缺良好的醫療設備與母語教育。拓拔斯．塔瑪匹瑪以布農族醫生作家的身分，自願到離島蘭嶼行醫，於達悟族部落進行跨文化醫療「翻譯」。但是，拓拔斯．塔瑪匹瑪的母語並非中文，要用中文寫作時，作品中常逼迫中文發生變化，其語法早已脫離正統的中文書寫，是文字的崩解變形與脫離原來中文的疆界，形成一種少數文學風格。這是少數族群欲逃離主要族群的強勢語言的壓迫，不但破壞主要族群語言的既定結構，更以一種全新而疏離的風格呈現，產生蛻變的力量，創造「翻譯」的文學革命。

在全球化的經濟體制下，台灣原住民仍舊處在一個宰制性的政權中奮鬥，部落的存續本身就是一個抵抗形式，許多部落正瀕臨滅族消失的危機。但是，詹姆斯．克里弗德指出原住民已經從歷史的盲點浮現，突破長久以來受害者的角色，成為地方、國家和全球的耀眼演員。在世界每個大洲，

被殖民入侵與強制同化的原住民倖存者，都努力復興傳統文化，除了持續對抗主流文化也重新回到失去的土地。都市原住民生活實踐來回往返於祖居地與離散地網絡之間，遺產展覽與藝術創造利用新技術將傳統文化連接新路徑，跨國的原住民同時活躍於兩個國家，也就是往返於自己的原始部落原鄉和都市文明的工作場所。

克里弗德提到荷娜德茲．卡斯蒂略是一位在墨西哥恰帕斯州生活多年的人類學家，她深入研究了馬梅人，意即馬雅印地安人身分的歷史變遷，展示了這些人如何從官方觀點中消失，並繼續作為一個自覺的群體存在。在墨西哥的邊界區，馬梅人既抵抗又配合政府的現代化模式。墨西哥國家政策強迫馬梅人壓抑地方文化並說西班牙語，幾十年之後，馬梅人策略銜接以建立主體性。馬梅人透過基督教千禧年主義與紐約宗教中心連結，被選擇記取的傳統文化與基督新教規範並行不悖。馬梅語的電台廣播，開始把散居各處的馬梅人重新連接起來。在鼓吹生態觀光與文化觀光的情況下，馬梅人傳統手工藝獲得部分復振。

馬梅人運用銜接的三個面向，第一層是選擇性的銜接有利的同盟，連結了廣播電台召喚各地的族人，進行著連接與解連接。第二層是策略性與各種不同單位連接，在現實狀況或經濟壓力下的考量，暫時接受強勢文化的條件，像是連結基督宗教到紐約宗教中心。第三層是主體性理念的堅持，連結文化觀光復振傳統手工藝，是一種抵抗霸權的政治活動。這些銜接的策略應用，能在主流文化中逃逸裂解，進而要求對等的姿態，建構原住民的主體性，其中包括了同意、排除、結盟和敵對的策略。

荷娜德茲追蹤了這個幾乎絕跡的馬梅人部落，至今人口已經有顯著增長。族人為了存續與傳統，會保持與外

界的距離，並採取一些有價值的銜接，而不允許強勢文化改變馬梅人的生活方式。為了抵制政治變革，他們故意留在小而孤立的群體中，利用難以接近的環境和分散的定居模式來保護他們的傳統。雖然時代的變遷，馬梅人失去了越來越多的土地。但是，通過採取一種靈活的策略，與國家機器進行接受、抵抗或退出，而倖免於被墨西哥政府或其他政權徹底的征服。馬梅人的存續，是一種持續變化的銜接。

克里弗德說明原住民藉由銜接、表演與翻譯的靈活運用，有些原住民族得以倖存或擴展，指的是部落社會的凝聚團結與文化傳播形式正在重新「銜接」，在新的脈絡為不同觀眾「表演」，以各種不同的形式進行文化「翻譯」。原住民出人意表的逆勢茁壯，顯示出歷史總是持續變化，沒有既定的結局，不是把所有人帶往同一個方向。**所以，台灣原住民自然書寫作家回到部落時，用身體移動書寫過去的歷史，不論是「銜接」部落傳統文化、「表演」古老神話傳說、與「翻譯」族群生活經驗的實踐，都有助於擴大關注範圍。在「同時望向兩邊」的架構下，不但能挖掘原住民過去歷史新脈絡，也是擴展原住民未來存續新途徑。**

由於克里弗德《復返：21世紀成為原住民》這本書的啟發，促使我探索馬雅文明的想法，於是，就有了加勒比海的探險旅程。

註：本章部分文字摘自拙文〈銜接、表演與翻譯：台灣原住民自然書寫作家的同時望向兩邊〉，《擴展──台灣文學──第十六屆全國台灣文學研究生學術研討會論文集》。

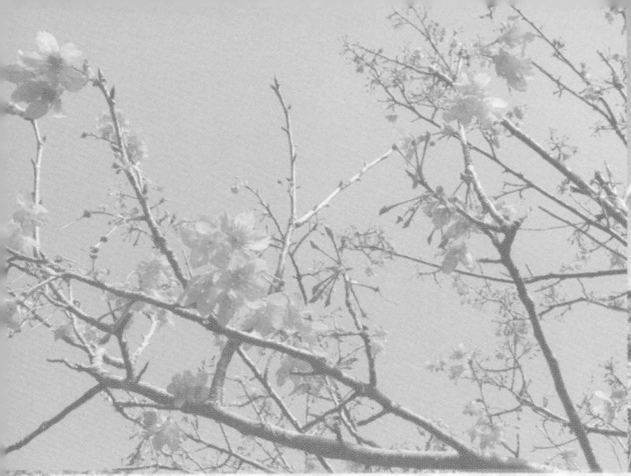

與大師對話

宋代理學的幽微

是什麼支持我浪跡天涯？是求知慾，是自信，更是「萬物靜觀皆自得」的對大地萬物的那份欣賞。——三毛《親愛的三毛》

我會選擇祝教授的課程，是因為他在博士班口考時，雖不曾問我任何問題，卻始終和顏悅色地對我微笑。當初，我對中文系教授的第一印象是如沐春風，他們非常尊重學生，在敘述博論計畫時，可以清楚聽見教授們跟著我說的內容翻閱紙本的聲音。有些學校的口考教授，我還沒講完就直接打斷，再針對博論計畫中的引用學者大肆批評一番。這些斗筲教授應該很少旅行，若是走遍千山萬水，就知道自己渺小得不如一顆石頭，就不會眼睛長在頭頂上。其實，教授所表現的一言一行，會顯現其修養與品格。真正的學術界大師風範，除了專業的學術素養之外，更重要的是氣度和高度，我就很敬佩清大教授海納百川的廣闊胸襟。

祝教授在宋代理學課程的設計，是以牟宗三的《心體與性體》為主要對話對象。對於所選擇的思想家，會先閱讀原文，然後討論牟宗三的詮釋。課程的目的，在培養以原始文獻進行獨立研究與評論的能力。教授在數位人文方面也學有專精，他能一邊上課一邊電腦打字，藉由投影機直接播放

在白板上。教授有飛快的打字速度與一心二用的分身功力，能運用大數據的分析方式，可以看到關鍵字查詢的許多相關性圖表，真是令人歎為觀止！如果是我的話，光是打字就已經很慢了，還要一邊說話上課，就會像跑不動的手機，不斷地在旋轉中。

宋代理學首先介紹〈太極圖說〉與《通書》，在家中研讀時，雖然窗外霾害肆虐，煙雨濛濛，而我與勞思光、牟宗三神遊太極。以前，中國哲學史是看不懂的有字天書，是雙手投降的科目。現在，在教授博大精深的學識與一點就通的引導之下，突然就豁然開朗了。然而，在課堂上還是會有像打棒球一樣的漏接失誤，就是門外漢的我很斬釘截鐵的詮釋《通書》及《太極圖說》兩者之間不相關。教授波瀾不興，「請妳先看一下《通書》第十六章。」翻開原文一看，竟漏看到這一章節，這下尷尬了。我堆滿諂媚的笑容，「老師您真是天縱英才，太厲害啦啦……」教授聞言不為所動，心中一定搖頭嘆息孺子之不可教也。

有一次，看到理學家張載的「學必如聖人而後已」，他與諸生講學，不只要求成為「賢人」而已，更要求致力於學而成為「聖人」。張載的「學必聖人」的聖人觀有更高的道德標準，是勉勵所有人務必達到聖人境界。因為張載認為「求為賢人而不求為聖人」的觀念，是秦、漢以來學者的大蔽。所以，他有誓不達目標絕不干休的意味。我雖然很欣賞張載《西銘》的名言，「存，吾順勢；沒，吾寧也。」的豁達，卻不認同一定要成為聖人的堅持。正神遊其中，與古人張載討價還價，隱約聽見教授呼喚我的名字，「關於張載，妳有沒有什麼問題？」教授看我沒發言，直接點名。「呃……我覺得張載有……『強迫症』。」我越說越小聲。「蛤！為什麼？」教授問，同學笑。我振振有詞說，「因為張載說學必聖人，讀聖賢書『一定』要當聖人，這不就是強迫症嗎？」話說宋代理學家，還真的有集體焦慮傾向呢！

研究所的課程，研究生通常要輪流上台報告。我上台報告的就是「萬物靜觀皆自得」的程顥，在深入探討宋代理學家明道先生之後，發現其思想蘊含哲理，耐人尋味。**三毛分享靜觀的生命是，「最深最平和的快樂，就是靜觀天地與人世，慢慢品味出它的美與和諧。這份快樂，乍一看也許平淡無奇，事實上它深遠而悠長，在我，生命的享受就在其中了。」**然而，我對於牟宗三的作品，卻是一知半解。便舉手發問，「老師，我覺得牟宗三的《心體與性體》，這段文字實在是詰屈聱牙很艱澀，令人看不懂。」講台旁的教授悠哉地說，「也許人家使用家鄉話啊！」我更加不懂了，「不對啊！他是山東人，我也是山東人，沒有這種家鄉話。」教授睨了我一眼，「妳以為山東很小？」博士班的理學小老師學長忍不住插話，「老師，書中那段應該是湖南話才對。」我和教授面面相覷，同時閉嘴。

又有一次，我對程頤的〈顏子所好何學論〉深表不滿就大發議論，「如果顏淵復活，知道程頤說他是學以至聖人之學，一定會從墳墓裡爬出來抗議說：『我不是這個意思，你為什麼要這樣說我？』」語畢，同學群起而攻之，我如孔明舌戰群雄。教授正要開口解圍，我伸手阻止，「老師，您先不要講答案，我要聽他們怎麼說？」在腹背受敵萬箭穿心之後，教授哂之，「妳想一想程頤師承誰？還有周敦頤的聖人之學？」我恍然大悟。程頤曾師承周敦頤，而周敦頤的聖人之學曾經談論到顏淵，其中有著相關的脈絡。

當宋代理學進行到朱熹和陸九淵時，課程越來越高深奧妙。我對朱熹的詩〈觀書有感〉中「半畝方塘一鑑開，天光雲影共徘徊，問渠哪得清如許，為有源頭活水來。」一唱三歎。但是，對於朱熹思想中的「理同氣異」、「理靜氣動」、「理在氣中」……聽得霧煞煞，不得不發難，「理先氣後又如何？理氣不離不雜那又如何？為什麼宋代理學家口說孔孟，卻距離孔孟越來越遙遠？」教授聽完大笑，「每一位思想家，對於同一件事情有不同的看法。」我殺「氣」騰騰，「孔曰成仁，孟云取義，又沒有這些氣化論！」教授「氣」定神閒，「套用傅柯的話，妳『只看到連續，沒有看到斷裂』」講不贏教授，只能為之「氣結」。就像白蛇娘子一樣，怎麼樣也鬥不過法海禪師，還被鎮壓在雷峰塔下。

再次上台報告陸九淵時，提及朱熹曾說陸九淵是異端，陸九淵也說朱熹是異端，我想辯證誰才是異端？私心非常賞識陸九淵的「宇宙便是吾心，吾心即是宇宙」的心胸，就覺得朱熹老頭太囉嗦，不自覺的在台上咕噥，「其實，我不喜歡朱熹。」教授台下低語，「蛤？妳不喜歡朱熹啊！我真是太傷心了……」聽教授這麼說，我只好默默地再拿起朱子

學說，用心研讀。後來，讓我不知不覺中了宋代理學的十面埋伏，整個暑假放棄出國旅遊，都在排解朱熹和陸九淵的朱陸之爭。

教授也有心血來潮的時候，「各位同學，要玩遊戲了，大家先坐好。」我張大眼睛，充滿期待。只見教授在螢幕秀出一篇古籍的古文，完全沒有標點符號……教授指著我，「從妳開始唸。」我面有難色，因為古文沒有標點符號，如果唸錯的話，我的「今」字招牌，豈不是毀於一旦。於是就集中精神唸得字字驚心，教授怕我眼睛看不到，不斷的調整字體和行距。我終於忍不住抱怨，「老師，您這樣一直動螢幕，那我的眼睛會看得很累吔！」教授慢條斯理地放下滑鼠，「好，那就先這樣，免得有人又要罵我了。」同學大笑。在教授幽默話語及同學的友善討論，課堂始終充滿智慧的笑聲，彼此感情越來越好。

剛從北歐回台灣時，教授曾關心的問，「妳都沒有時差？」我對於時差早習以為常，「對啊！我都是看太陽。」

教授很疑惑的表情，「看太陽會得白內障。」我急於解釋，「不是啦！太陽出來是白天，太陽下山是晚上。」教授更疑惑了，「這不是常識嗎？」我噗哧一笑，不知道該怎麼解釋？教授也莞爾一笑，「就是不管在那個國家，看到太陽升起時，心理作用告訴自己是白天，不用管時差。」我點頭如招財貓。上課前，教授剛好收到從國外寄回的卡片，我拿起其中一張明信片鄭重的說，「老師，這是我從瑞典諾貝爾館寄出的卡片，這張最重要！」正在打字的教授揚眉，「哦！怎麼說？」我如小人般獻媚道，「因為我希望老師得諾貝爾文學獎，那我就雞犬……」我停頓了一下，不想當雞犬升天，話鋒一變，「那我就與有榮焉了！」教授面不改色的說，「嗯！我排在川端康成的後面。」聽完教授霸氣回應，內心真是雞飛狗跳。

才讀博士班一年級，就有四場南征北討到各大學論文發表，要面對各界菁英與會學者的詰問，同學笑我是南北巡迴表演活動，但其中艱辛如人飲水好比探湯。我在前兩場都很緊張焦慮，第三場在交大的發表會明顯進步，根本沒在怕。而進步的關鍵，就是因為教授在課堂報告進行魔鬼訓練，才能讓我有如羽扇綸巾的孔明，能處變不驚的在研討會侃侃而談。教授常要求大家互相詰問攻防，而且一學期每個人上台三次。當我站在台上，不斷的被同學發問，反應越來越敏銳，思考越來越從容不迫。一篇篇論文就像飛彈攻擊腦細胞，宛如一場場槍林彈雨的攻防戰，若是不想當炮灰，就得展現真槍實彈，爆發燦爛煙火。**學術界就像朗法羅所說的是一個奮鬥的戰場，到處充滿了血滴與火光，不要作一甘受宰割的牛羊。在戰鬥中，教授時時提醒著要精神煥發，要步伐昂揚。**

當代戲劇的光影

有時候，我多麼希望能有一雙睿智的眼睛能夠看穿我，能夠明白了解我的一切，包括所有的斑斕和荒蕪。那雙眼眸能夠穿透我的最為本質的靈魂，直抵我心靈深處那個真實的自己，他的話語能解決我所有的迷惑，或是對我的所作所為能有一針見血的評價。——三毛《雨季不再來》

戲劇是一門豐富多元的課程，除了上台報告之外，還有聽演講寫心得和看戲寫劇評的壓力，讓人望之卻步。但是第一天上課，羅教授介紹戲劇的概論，以及東西方戲劇的經典。他以專業知識的魅力，再度吸引我選修課程。

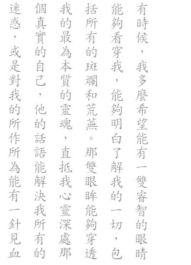

當天，看希臘悲劇到深夜而欲罷不能，從俄狄普斯王的自刺雙眼的嘆息，到哈姆萊特的生存與毀滅的兩難。最後，決定要加簽戲劇課，流程是先網路列印加簽戲劇課程表單，給任課老師簽章後，再送所辦蓋個章，最後送交教務處承辦人員掃描，才算加簽成功。這是一堂精彩可期的課程，值得返來復去的跑流程，但是交作業時相信也一定會嘔心瀝血了。我是把戲劇課程當成闖關活動，闖過第一、二關的課堂導讀命題，再闖第三關《快雪時晴》劇評。如果勢如破竹拿下第四關的課堂演講心得，就進入《清輝朗照》劇評的第五關終結戰。我的戲劇課，要過五關斬六將，期末交出論文，才能笑到最後。

教授在引導戲劇課程的歷史脈絡時，提及一個有趣的思考，就是中國現代文學史內容，會把「戲劇」單獨成立單元論述，詳細探究戲劇作家作品。相較之下，台灣文學史很少將台灣戲劇作家作品納入論述。這個話題引起我的研究動機，分析其中原因可能有三方面：其一是作者的能力所及，像葉石濤是在文獻和資料幾乎是欠缺的情況下，他靠著當時《文學界》好友的努力蒐集資料，勉強完成台灣三百多年的文學史「綱要」，闕漏難免。其二是日據時代的限制，台灣的現代文學史時代是處於日本殖民地時期，戰後又持續了四十幾年的戒嚴，包括二二八事件及白色恐怖時期，都限制了台灣劇作家的創作。像簡國賢被當政治犯處決，宋非我逃到中國，可以想見當時戲劇界的風聲鶴唳。其三是台灣的文學論戰，從新舊文學論爭到鄉土文學論戰，台灣的文學論戰常常像幽靈般的出現在台灣文學史各階段，占據了文學史的焦點。而書中有關戲劇的篇幅，只能以「林博秋（劇作家）」簡單點綴其間。

溫文儒雅的教授在課堂對我的見解提出質疑，他指出所引用的書目，其中一本雖是開山之作但恐有錯誤，另外一本太老舊宜參考新版本。另外，台灣文學史若存有反抗性，戲劇的表演應該更可以表達反抗，戲劇理應納入台灣文學史才是，但是並沒有。腦海浮現電影《臥虎藏龍》中的竹林大戰鏡頭，章子怡自以為是的劍劍進攻，都被周潤發玉樹臨風的從容化解。我的三個論點被教授的看法一一封殺，鎩羽而歸。不過，台灣劇作家林博秋的「閹雞」（1943）盛況，絲毫不遜色於中國曹禺的「雷雨」（1935）轟動，相信有更多的台灣劇作家，值得在台灣文學史上致敬。隱形在台灣文學史上的戲劇發展，會是一個比武林中爭奪青冥寶劍更有趣的議題。

課程首先介紹了亨利．易卜生的作品，其劇作《玩偶之家》所描述的諾拉，是生活在物質世界的妻子，營造著美好未來的想像。曾經為了營救丈夫而偽造文書借款，做了一個「成千上萬的女人都這麼做了」的犧牲，而借款醜聞被揭發時，所以仰望終生的「良人」，並沒有站出來扛起一切，反而認為妻子做了奇恥大辱的醜事，更強烈指責對方無法擔任母親的角色。諾拉在意識到丈夫海爾默只是把她當成乖巧聽話的「玩偶」控制，並從這個被揭發事件中幡然醒悟，她不想繼續當父系社會下的「玩偶」，強調自己要有更神聖的責任，就是「對自己負責」，也就是女人跟男人一樣，是個有思想的人，並決定離「家」出走尋找自我價值。最後諾拉出走的砰然關門聲，留給東西方學界無限的迷思。我非常激賞諾拉的轟然一聲巨響，轟出了中國傳統女性的反思。

我行我素的三毛也說，「我不是婦女解放運動的支持者，但是我極不願在婚後失去獨立的人格和內心的自由自在化，所以我一再強調，婚後我還是『我行我素』，要不然不結婚。」我看完《玩偶之家》劇本恨不得拿起彩球搖旗吶喊，於是立刻援筆疾書心得，說明易卜生的高瞻遠矚，在百年前已洞悉現代女性問題。教授輕描淡寫的回信，指出我所提到的幾個問題，都是在談論易卜生時常遇到的，也沒有什麼標準答案。看完之後，瞬間氣脫委頓，像洩了氣的趴趴熊。本以為獨具慧眼，發現了新大陸，殊不知在戲劇界早已是老生常談。

後來，上到布萊希特《四川好人》一劇，我又突發奇想認為這齣戲是以「聖經的故事」為主軸，也就是聖經中「手中有行善的力量，不要推辭。」為架構。所以，身為貧民窟天使的沈德濟助了許多需要幫助的人，像寡婦、木匠、失業者、八口之家等，讓人想起耶穌無條件接納身旁眾多的跟隨者，包括瞎眼的、瘸腳的、痲瘋病的群眾。但是，沉重的「愛心」卻使沈德陷入了困境。她說有太多的沉溺者，貪婪地撲抓小方舟，以致於小小的救生「方舟」立刻被拖入水中。尤其失業飛行員楊森，更是讓她人財兩失，最後，她還是以路加福音「浪子的比喻」重新接受了楊森。布萊希特還加上了中國古代文化元素，範圍涉及先秦哲學和歷史唐詩，將《墨子．非儒下》、《莊子．人間世》、白居易的詩點綴其中，形成深富哲思的中西跨國戲劇書寫，令人愛不釋手。當然，故事的結局有著布萊希特開放觀眾思考的架構。

東風起，戰鼓擂。我像梁紅玉一樣的擊鼓論述文本戰果，教授淡然聽完我的新想法，他嘴角微微上揚拋下一句話，「布萊希特是無神論者，應該不是基督徒」。霎時間風雲變色，讓我興風作浪的方舟之見，瞬間化成一灘死水。果然道高一尺，魔高一丈啊！不過，三毛曾說，「學問，是一張漁網，一個結一個結，結出了捕魚的工具。」戲劇的絕代風華，其中蘊含的知識學問，絕非一蹴可幾，只能一點一滴的累積，現在就算聽不懂、看不懂也沒關係，只要多聽、多看幾遍，慢慢就會織成一張細密的魚網，自然能滿載而歸。

有一次在戲劇課程，教授因緣際會的安排了李寶春劇團親臨課堂。李寶春不但解析李清照故事的淵源，而且和飾演李清照的陳雨萱現場表演崑曲和京劇的不同，唱作俱佳讓人鏗鏘澎湃。教室後面還有三位演奏國樂高手，簡直是一場小型的絲竹表演活動。由於，我事先有購買這齣京劇《清輝朗照——李清照與她的兩個男人》的票，就特別感謝教授在課堂安排的劇前導讀，他一貫雲淡風輕的表示，「只是巧合，並非刻意安排。」我狐疑地在教授臉上尋找蛛絲馬跡，真的是「無巧不成書」嗎？

戲劇迷人之處，已經如影隨形，像鬼魂般附身。連我在加勒比海的郵輪上，奢侈的午後悠閒時光，就是閱讀高行健《車站》劇本。劇中人物在現實壓力下的焦慮掙扎，非常吸引目光，比郵輪上的山珍海味更是津津有味。高行健的文字靈活多變，形式也不斷翻轉，難怪會成為諾貝爾獎得主。回到清大戲劇課時，我和教授討論之後，論文題目就是〈眾聲喧嘩：高行健多音複調的戲劇新形式〉。在課堂上發表期末論文大綱時，教授挾著雷霆萬鈞的一連串詰問，「巴赫汀的理論內容為何？為什麼要引用？有何依據？……」對於教授的咄咄逼人的火藥味，嚇得學妹們從此不敢在課堂提西方理論，免得被追殺。我只好放下武器先行示弱，「會使用西方理論是我最大的缺點，也是揮之不去的魔咒。那老師想知道巴赫汀的哪一個部分呢？」教授見我棄械投降，果然偃旗息鼓，「使用理論並沒有不好，只是要知其所以然。而腦中有理論思想的人，才會在文本中發現理論的痕跡。」我以退為進的策略，果然化干戈為玉帛了。

高行健的《現代小說技巧初探》說明小說有多種多樣的寫法，可說是中國現代主義理論的開山之作，開啟了小說的複調時代。後來，為了自己被認為不像戲或不是戲的劇作開路，捕捉了西方戲劇與中國戲曲的共通之處，結集成《對一種現代戲劇的追求》一書。書中談論自己戲劇現代性的追求，雖然現代主義在西方已有近百年的歷史，但在中國卻是由高行健開始連續介紹一系列西方戲劇觀念，雖

然這本書只是作者對戲劇的個人觀感，但是他敏銳的觸覺，已開風氣之先，突破大陸話劇創作數十年一貫的僵化模式，進行戲劇的形式革命。尤其，高行健（1981）首寫《車站》劇作，引入現代主義的表現手法以及劇場實踐，在中國上演之後，不久就被禁演，一齣生活抒情喜劇演變成政治事件，也造成高行健的放逐與流亡。雖然如此，高行健在中國動盪的文化轉型時期，他的劇作《車站》融合現代小說技巧與現代主義戲劇，在眾聲喧嘩的理念中創造多音複調的新形式，不但突破了東方與西方的戲劇框架，更以多音複調的思維顛覆主流專制的獨白文學時代。我最欣賞高行健堅持自己的理念，如同卡夫卡說的「我做我自己」。

大家都發表論文大綱後，好幾位同學都覺得很奇怪，為什麼別人發表時，對於時間的掌握，教授並不會過於苛求；但是對於我的上台發表，竟是分秒必爭，嚴格要求掌控時間。其實，教授對於博士生的高標準要求，我心裡雖比竇娥還冤，卻無任何怨言，只是很介意教授會不自覺的說出，「這件事跟我沒有關係」。因為電影《我的少女時代》的名言就是「沒關係就是有關係，有關係就是沒關係」，我常在傷腦筋這件事到底跟教授有沒有關係？到底該不該講？還有，教授對於我的無厘頭熱絡，像是「老師，您今天穿得很帥！」他一向面無表情的冷處理，讓我常常聽見下雪的聲音。而且上學期，教授在協助我修改論文打算投稿時，還不經意地丟下一顆震撼彈，「這篇投了，也不會被錄取。」這句話確實一針見血，讓我每次在校園遠遠的看見教授，二話不說立刻拔腿就跑！

好戲結束之後，三五好友還會在學生餐廳聚餐。有時為了省錢吃簡單食物，有時要排很長的隊伍，有時太晚下課只有冷掉的剩菜，有時趕報告沒時間吃飯……這是成人世界無法享受的樂趣。更多時候，我們會邊聊邊吃，分享學習心得，討論課程文本。或者，笑談古今學術界的八卦。始料未及的是我找不到的文獻，學弟妹信手拈來提供資訊，馬上借力使力不費力。學弟妹已經在準備碩論畢業，在校園的時間實在有限，依依不捨之情難免，祝福鵬程萬里更多。緣起同指導教授的緣分，便成立「羅生門」群組，意思就是由羅教授的門生組成，也是暗喻每個人都可以大放厥詞。大家對戲劇課一致認為，教授脈絡分明的授課，都將我們腦海中片段的戲劇知識串了起來。尤其是教學技巧方面，他提到「貧窮劇場」等戲劇專有名詞，就連結相關戲劇影片；提及史坦尼模式，就用周星馳「喜劇之王」內容呼應，深入淺出的讓大家更理解戲劇術語。

雖然每週的戲劇課，我鑼鼓喧天的説著每齣大戲，卻如孟獲被教授七擒七縱。但是跑跑「龍」套，也是樂在其中。最近，由於書寫《非比尋常——北非、加勒比海》這本書，為了尋找與教授對話的資料，就從前年第一封信開始看，看著教授對我在師大發表的詳細建議，嘉義大學得獎的鼓勵祝福，還有提供投稿《中外文學》的所有相關資訊……看著看著，我竟然淚如雨下。當時，只顧著拚命逃跑，沒有細究教授的用心良苦。原來，在嚴謹的要求背後，有著精雕細琢的刻痕。

三、加勒「比」海

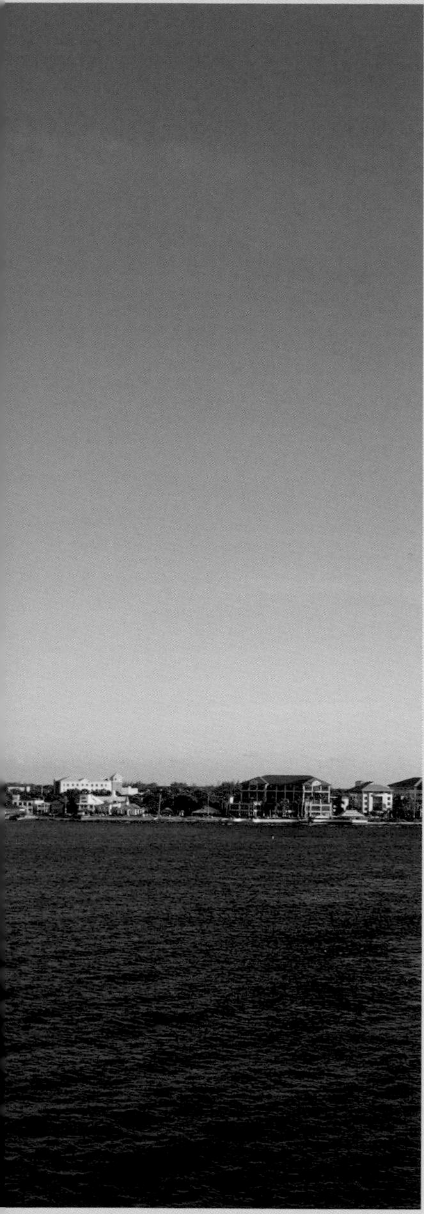

印地安人的召喚

請相信上天的旨意，發生在這世界上的事情沒有一樣是出於偶然，終有一天這一切都會有一個解釋。我們來到這個生命和軀體裡必然是有使命的，越是艱難的事情便越當去超越它。偏偏喜歡再一度投入生命，看看生的韌力有多麼的強大而深奧。當然，這一切的堅強不是出於我自己，而是上天賦予我們的能力，如果不好好的去善用它，不是可惜了這一番美意。——三毛《夢裡花落知多少》

在清大圖書館借到美國西奧朵拉．克羅伯所寫的《兩個世界》描述在1911年倖存印地安人伊許（Ishi）的故事，其雅希族人在1800年晚期幾乎被白人屯墾者殺光，他成為美國淘金熱未完的遺產。一個原始的「野蠻」人，闖進了

加利福尼亞州奧羅維爾附近的一個農舍，他就是「族中最後一人」的伊許。後來，伊許以原民現身的姿態在加州大學人類學博物館「表演」，每個星期天為博物館參訪者表演箭術、造弓技術。以博物館立場而言，能提供一個純正的、活生生的、最後的印地安人表演，非常具有見證歷史價值。而以伊許的立場而言，置身在陌生的文明世界，博物館的環境與收入，使他不必面臨生存危機。看似雙贏的局面，伊許卻在五年後死於肺結核疾病。

伊許死後，加州原住民的「伊許遺骸返還運動」讓伊許再次登上媒體版面。《復返——21世紀成為原住民》的作者克里弗德分析伊許的原民身分有三個形象值得注意，就是：使者、狡猾者和療癒者。原住民族群賦予伊許英雄的使者形象，就在加州印地安人博物館舉辦「伊許：一個有關尊嚴、希望和勇氣的故事」。但是，也有不同的聲音反諷伊許在博物館的「表演」，是在權力關係中的生存模式，譏諷作為「活展品」的生存術，伊許被視為狡猾者。雖然如此，伊許仍是眾人的療癒者，能成為一個加州原住民連結過去與現代的橋樑。伊許會受到眾所矚目的焦點，那是因為伊許是雅希族最後一個族人，警醒所有原住民部落的危機意識，誰都不願淪落至「族中最後一人」。

伊許由鹿澗部落走入了加州博物館，從遙遠「客體」變成複雜「主體」，形構兩個世界。他在博物館展現原住民使用傳統弓箭和鮭魚魚叉，返鄉鹿澗時穿著纏腰布戲水和表演各種傳統活動，操著雅希語錄在圓形柱蠟桶的故事和歌曲，至今只有少數被翻譯出來。而「伊許的故事」卻一直不斷的被不同人覆述和改述，隨著時代的演進，召喚出許多不可預期的風潮。

暑假寫論文〈銜接、表演與翻譯：台灣原住民自然書寫作家的同時望向兩邊〉，就以克里弗德書中所提到印地安人伊許的故事和馬雅人作為研究方向，常常深陷故事而無法自拔，就很想到加勒比海探索馬雅文化和印地安文化，彷彿是一種印地安人的召喚，來自遙遠的時空。「伊許的故事」一直召喚著我探索馬雅文明，就像小時候看《尼羅河的女兒》漫畫，她不斷的在現實世界和書中世界交替輪迴，我也成了「亞馬遜河的女兒」了。於是，懷著一探究竟的驅動力，要搭乘郵輪乘風破浪到加勒比海。也許，到了墨西哥如有神助，博士論文瞬間就水到渠成了。

在台灣的節奏是快速的，國中生忙著考試，老師忙著課務，研究生忙著論文，教授忙著壓力……更多人忙著生存。**我就像小水滴，不由自主捲入這大漩渦，跟著大環境團團轉。現在小水滴終於掙脫捆綁，像巴赫汀所說的離心力，偏離主流向心力的軌道，突破出口想要擁抱無拘無束大海**。就在2019年11月確定要直飛美國休士頓，再搭郵輪到墨西哥、開曼群島、牙買加。這幾年都跑歐洲北歐四國、美洲加拿大、非洲摩洛哥這些國家冒險，這次想挑戰位於美國南方的加勒比海。

在清大校園遇見許多好友，都不斷提醒著下週要出國，我還在忙著上課交報告，一切都還沒開始準備，遑論打包行李了，連美金都還沒時間換，行程也沒時間研究。現在正進行著《研究生不死，只是生不如死》的節奏，考完法文期

中考之後，隔天才能踏上旅程。目前腦容量只裝得下法文，裝不下行李。我常常在早餐店，邊吃法文邊聊天，好友小美涼涼的說，「馬雅文化，就是一堆石頭廢墟。」我們曾一起造訪非洲摩洛哥的古羅馬遺址瓦盧比利斯和艾本哈度柏柏爾城寨，馬雅的確是一堆石頭廢墟，不過價值連城。煮著咖啡的阿寬叮嚀說，「要吃墨西哥捲餅，入境隨俗別挑食。」她知道我一向挑食，很多米其林美食都浪費了，我的胃這個不吃那個不吃，簡直暴殄天物。碧華姊建議說，「墨西哥產銀，記得帶銀器回來。」我不喜歡銀器，因為容易變質，之前到世界各國蒐集了一些潘朵拉飾品，現在看起來都黃掉了，還是繼續蒐集星巴克城市杯卡實在。一群女人總是關心話題不斷，和腦海中的法文單字隔空交火，真想腦袋放空。

雖然「博」事如麻，但來自印地安人的召喚，有著無法解釋的魔力，催促著我航向加勒比海。

歡樂嘉年華展望郵輪

我以前，總將人性的光輝，視為人對於大苦難無盡的忍耐和犧牲，而今，在歡樂裡，我一樣地看見了人性另一面動人而瑰麗的色彩，為什麼無休無盡的工作才被叫做「有意義」，難道適時的休閒和享樂不是人生另外極重要的一面嗎？——三毛《稻草人手記》

搭乘長榮航空前往美國，當地溫度晚上約4度，美金匯率是30比1，飛行時間預估14.5小時。在飛機上特別選法語發音影片，練習聽力，悅耳的法語真是世界上最優美的語言。看了《囧媽的極地任務》是2019年上映的劇情片，根據暢銷小說改編，凱特布蘭琪飾演柏娜蒂，劇中柏娜蒂曾被譽為建築界的明日之星，由於太依賴遠端助理處理生活大小事，以致漸漸脫離社會框架，被認為是精神異常，

形成天才與瘋女的一線之隔。英文片名是「妳去那兒了？柏娜蒂」，最後，她在南極洲透過大自然景觀療癒，再次激起對建築的創造力，重建自信心。影片中南極洲的企鵝動作活潑靈動，姿態嬌憨可愛。希望有一天能存錢到南極扮演企鵝，也能找到自已的超能力。

飛行了13.5小時，似乎沒有想像中久，吃了暈機藥，睡一覺醒來就到美國休士頓了。天氣也沒有很冷，體感溫度大約15度左右。入境人很少，通關速度很快。海關先生問我，「妳要去那兒？」我心裡想到凱特布蘭琪，很想回答，「我可以到南極洲嗎？」不過還是老老實實回cruise以迅速過關。之前，美國因為恐攻事件而戒備森嚴，詳細繁瑣的安檢造成旅客大排長龍。最好避開寒暑假期，才能避免枯等。想起摩洛哥的安檢還是心有餘悸，女海關人員進行全身亂摸，粗魯的行徑害我驚嚇尖叫。其實，「尊重」也是代表一個國家的進步象徵。

隔天，參觀萊斯大學，號稱是南方的哈佛，據說培養出許多優秀學生，校園最吸引人的地方就是地中海風格建築，獨樹一幟。我沒去過哈佛大學，但是曾在多倫多大學的語言學校遊學，多大的校園如詩如畫，很多學院出現在電影《哈利波特》鏡頭中，像哈利波特和妙麗等人聆聽分類帽分學院的大食堂，就在維多利亞學院；而中世紀的建築風格場景，是在如迷宮般的三一學院。相較之下，萊斯大學就顯得遜色了。

走馬看花之後前往加爾維斯敦遊輪碼頭，辦理登船手續，登上嘉年華遊輪船隊中的展望號(Carnival Vista)，帶著雀躍的心情準備和遊輪親密接觸。郵輪房間有分內艙（沒有窗戶）、外艙（有

窗戶）、海景艙（有陽台）。如果搭乘郵輪，非常建議選擇海景艙，才能真正與海洋韻律共舞。上次在北歐旅遊時，從瑞典搭渡輪到芬蘭，團體都是安排內艙，那是一個密閉空間，會有壓迫感，雖然只有一夜，但還是睡不安穩。這次學聰明，提早訂了海景艙，能在十天的行程中充分享受海的浪漫。

郵輪航行，如果想使用網路要分兩部分選購。一是美墨地區，岸上使用的網路，可在台灣先購買；一是海上巡弋，在船上使用的Wi-Fi要在船上選購。而嘉年華輪船上的互聯網有三種選擇，第一種是每天美金5元的社交型，只提供一般的臉書IG服務，大女兒選這款簡單上網。第二種是每天美金16美元，全程優惠價是84美元，我選這項有電子郵件傳送，以免錯失台灣清大的重要通知。第三種是高級版，全程

123美元，承諾會提供各種快速網路。不過，同團的一名朱老師和兩位牙醫師，都刻意不使用網路，想要脫離網羅。在這網路時代，如同杜甫的詩〈夢李白〉所言，「君今在羅網，何以有羽翼？」網路就像一張塵網，要有掙脫網羅的智慧，才不會誤落塵網中。

上船之後，會有一張航行卡綁信用卡，船上所有消費都從此卡扣款，也是上下船的通關卡。房間的整理是由船務人員Siki做船艙打掃，她每天都會在床上放不同的毛巾動物，讓人看了會有好心情。門口有信箱，船公司會放當日資料及訂購的票。我常常懷疑，開放式的信箱物品，會不會被別人取走？事實證明這是多慮，船上的旅客沒有人會在意信箱的票券。

嘉年華遊輪是「歡樂之船」，遊輪在航行中，精心設計了「船長之夜」的活動來歡迎旅客，就是一邊吃飯，一邊跳舞，所有人都載歌載舞，這應該是南美洲熱情風格。船上的服務人員都非常親切有禮貌，充滿家的溫暖。當天，很幸運地捕捉到這艘輪船的最高指揮官船長和副船長，在照片中我的右手邊是船長，左手邊是副船長，都很有紳士風度。後來，大批想拍照的旅客湧至，船長和副船長不顧形象的落荒而逃。船上有多樣化的美食佳餚、娛樂活動、免稅商店、酒吧及俱樂部、豪華劇院、運動比賽、音樂會。友人常問我為什麼搭郵輪？那是因為嘉年華遊輪就如一處渡假勝地，旅遊行程比較不累，不用一直打包行李換飯店，聽說國外有老人變賣家產，餘生都住在郵輪。

讓腦袋放空的享受，莫過於全日航行於海上的悠閒時光。早晨，在甲板上迎接朱紅之海第一道曙光。在飽覽墨西哥灣加勒比海美麗景致之餘，可前往甲板上的跑步道慢跑、散步。白天，參閱「每日活動表」，選擇喜歡的活動，像是籃球投球大競賽、搖滾演唱會、免稅品跳船大拍賣。或是盡情享受精緻美饌、下午茶或酒吧，可以看看海、聽聽音樂、聊聊天。也可以逛逛精品名店享受購物樂趣，或體驗海上賭場。入夜，各式劇院有精彩的歌舞表演，露天劇院有經典影片，還有拉丁音樂之夜、90年代最後派對、對嘴秀大比拼。在歡樂郵輪上的運動、美食、戲水、購物、表演各種活動如火如荼展開，宛如一座不夜城。**現代人能適時脫離無止盡的工作，專心投入休閒與歡樂，也是人生重要的意義啊！**

墨西哥土倫的馬雅文明

人之所以悲哀，是因為我們留不住歲月，更無法不承認，青春，有一日是要這麼自然的消失過去。而人之可貴，也在於我們因著時光環境的改變，在生活上得到長進。歲月的流失固然是無可奈何，而人的逐漸蛻變，卻又脫不出時光的力量。——三毛《雨季不再來》

郵輪像一隻巨大的鯨魚，抵達墨西哥時，像生寶寶似的產下一艘艘遊艇，巡迴往返的接送旅客下船入島。在島上最重要的一件事就是要記得最末班上遊艇的時間，免得被遺留在島上，過著魯賓遜漂流記的日子。

遊艇抵達墨西哥後可自由下船觀光，也可以自費購買遊輪公司銷售的岸上觀光活動，我選購有專車載往土倫的馬雅遺蹟，包括簡單午餐，每個人約一百美金。一路上有位馬雅血統的地陪用英語介紹馬雅文明，馬雅先生長得黑黑壯壯，很像台灣蘭嶼的達悟族居民，不過，言談之中已經是商業化的美國風。參觀時間預計是七小時，非常期待能置身於氣氛詭異的古城廢墟中，遙想傳說中的偉大古文明。

MIXCOATL

翻開馬雅文明滅亡的歷史，就從西元1492年哥倫布發現美洲大陸揭開序幕，繼哥倫布之後來到美洲的西班牙人，大都是貴族騎士階層，有著唯我獨尊的傲慢。抵達美洲的使命就是征服異教徒和掠奪金銀財寶，以至於印地安人遭到濫捕濫殺，印地安文明遭逢毀滅與埋葬。歐洲人到美洲時，正值墨西哥阿茲提克帝國和祕魯印加帝國的鼎盛時期，分別是中美洲和南美洲的印地安文明發展的碩果。然而，殘暴的西方殖民者，將阿茲提克首都夷為平地，在廢墟上重建了墨西哥城。

這次到墨西哥參觀的馬雅遺址是土倫（Tulum），書上記載1517年西班牙人到了猶加敦半島的海濱城市，想抓一些土人做奴隸，沒想到當地人民勇敢善戰，西班牙人狼狽逃竄，但卻發現當地有金光閃閃的黃金。西班牙的古巴總督大為興奮，派遣船隻遠征猶加敦。他們在海邊遙望城中的高塔和宏偉的城堡，現代考古學家相信，他們大概是看到了馬雅後期城市中，以岸邊風光著稱的土倫。土倫是前哥倫布時期馬雅文明防禦城市的一個遺址，這是一座雄踞於海邊懸崖上的城堡，曾給第一批來到猶加敦半島的西班牙人深刻印象的壯觀建築。土倫是馬雅文明最後建造和居住的城市之一，在13和15世紀之間為其最繁盛時期，西班牙人占據墨西哥後還存在了70年。據推測西班牙殖民者帶來的疾病，似乎是其滅亡的原因。這和美國最後印地安人伊許，死於文明的肺結疾病情形很類似。

土倫遺址有5個入口，西面一個，南北各兩個，東面就是面臨加勒比海的懸崖峭壁。我們進入遺址的入口非常小，只容一人出入，宛如陶淵明的〈桃花源記〉的洞口，洞裡洞外形成兩個不同的世界。城中央聳立著高高的梯級型

大神殿，仿似古埃及的小型梯級金字塔，據說這裡就是力量的源頭，神殿四周都有雕刻裝飾，旁邊還有一些雕像。攀爬高處山坡向東眺望，可以看到加勒比海波濤洶湧的浪花，藍藍綠綠的清澈海水。很多遊客參觀古城之後，順便跳入海中游泳，陶醉於加勒比海的海水，甚至可以躺在沙灘上作日光浴。在沉鬱神祕的古老遺址旁，遊客於碧海藍天戲水，這幅反差畫面真是非常詭異。

現在所見，城內的大部分建築物是石頭建造的神殿、宮殿及柱樓等建築群，但僅存十數根石柱遺址，令人感覺有點荒涼。雖然大部

分的屋頂及屋梁已經毀壞倒塌，而部分的雕刻及圖案都清楚易見，對了解馬雅人的生活習慣很有幫助。在傾頹的牆垣中，有許多蜥蜴出沒在遺址石頭，還有不知名的動物若隱若現在叢林。馬雅遺跡令人唏噓不已，可以看見穿越時空的興亡。

在馬雅文明鼎盛之時，數十座金字塔神廟拔地而起，與藍天白雲一爭高下，在數百年之後，卻被熱帶雨林掩蓋得密密實實，金字塔成了土山，宮殿化作石台，住家成了鳥獸之穴，化為失落的古代文明。時光的力量，不僅改變了青春容貌，也埋葬了歷史的痕跡。

記得多倫多大學語言學校的墨西哥同學曾說，當地每天都有槍戰，他早已習以為常。聽完之後，對於墨西哥毒品走私的刻板印象又加上了槍枝泛濫的不良觀感。然而當我真正踏上這片土地，並沒有想像中的恐怖氣氛。從車窗外看到的墨西哥景致，是有點像台灣五零年代的落後，路旁雜草叢生，有些髒亂。居民的房子簡陋，也沒有現代建築。在土倫設有遊客中心及小攤販，商店出售的大部分是關於土倫古城的紀念品，像是神殿的模型、木雕、石雕、墨西哥銀飾，商品看起來完全沒有吸引力。連明信片粗糙的紙質，都絲毫沒有設計的美感。但我還是在馬雅遺址買了明信片貼好郵票，想要寄給台灣的教授，卻找不到投信的郵筒，店家也不提供服務。聽地陪說墨西哥的郵筒相距甚遠，詢問當地居民都是一臉茫然，也不知道如何投遞，我推測應該是居民沒有書寫的習慣，所以沒有郵筒。同團的陳醫生熱心建議，「當地海灘的鴿子很多，可以用飛鴿傳書。」

土倫前幾天下大雨，所幸遊覽當天是艷陽高照。我以考古隊精神東奔西跑捕捉遺跡及動物，全身汗流浹背。**當地導遊是馬雅人，對馬雅文化極為推崇，不認同自己被歸為墨西哥人。這種以馬雅人為榮的觀念，和《復返——21世紀成為原住民》所敘述的馬雅人以策略銜接對抗墨西哥霸權的精神相似。能將書上理論和田野調查互相印證，內心真是非常激動和充滿成就感。**

馬雅古書的預言

真正的快樂，不是狂喜，亦不是苦痛，在我很主觀的來說，它是細水長流，碧海無波，在芸芸眾生裡做一個普通的人，享受生命一剎間的喜悅，那麼我們即使不死，也在天堂裡了。——三毛《雨季不再來》

朱龍華的《叩問叢林——發現馬雅文明》提及馬雅人和其他四大文明不太一樣，不是產生在大河流域，而是崛起在火山高地和茂密的熱帶雨林之中。馬雅人以玉米和豆類為主食，肉食相對比較少，沒有小麥，農作物主要有玉米、菸草、番茄、可可等。跟四大文明不同的是，馬雅人的水源是雨水，並非河流。馬雅文

明雖然是城市文明，卻建立在玉米農業的根基之上。自古以來，馬雅農民採用一種極原始的「米爾帕」耕作法：他們先把樹木統統砍光，過一段時間乾燥以後，在雨季到來之前放火焚毀，以草木灰作肥料，覆蓋住貧瘠的雨林土壤。燒一次種一茬，其後要休耕1至3年，有的地方甚至要休耕長達6年，等待草木長得比較茂盛之後再燒再種，是火種休耕法。因此，農業生產能力的緩慢，一旦出現長時間的乾旱，就有糧食危機，這是科學家推測馬雅文明突然消失的一個原因。

馬雅人創造出了令人稱奇的高度文明，至於古典期馬雅文明何

以崩潰，現在還沒有確實的定論。科學家和考古學家，對馬雅文明湮滅之謎，提出了許多假設，諸如人口過剩、外族入侵、疾病、氣候、農民起義等等。就馬雅的地理環境而言，現今最為人所信服的是由於文明過度的發展，導致資源消耗過大與環境破壞的反撲。馬雅文明處在熱帶雨林地區，其降雨主要是依賴樹木，隨著生態環境惡化，生活資源枯竭，農民食不果腹，社會問題就造成動盪不安。再加上災難不斷，生活在脆弱的雨林及採用原始耕種技術的馬雅人，難以負擔龐大人口的需求，以至於發生了資源爭奪戰爭。

更為嚴重的是，在神權政治的體制下，馬雅王族和祭司將這種種「衰敗之象」都歸結為神的不滿。他們建更多的神廟，更頻繁隆重地祈禱，期盼能借神力扭轉乾坤。當然，這樣做的結果是浪費了更多的人力和已經十分貧乏的資源，更陷入不可救藥的惡性循環。隨著農業生產供應的嚴重匱乏，馬雅古典期高度發達的文化也開始崩潰。當城市周圍貧瘠的荒地連成一片，饑餓就迫使馬雅人棄城而去了。經過百年衰敗動蕩之後，中央低地各城邦都湮沒在熱帶叢莽之中，綠色植物悄悄覆蓋起一切，像掩藏起一個久遠的祕密。

馬雅文明在十六世紀被西班牙人完全摧毀後，遺址被雨林覆蓋了近三百年，並成為傳說。馬雅人最信仰創造之神伊特薩姆納，也是毀滅之神，當世界氣數已盡，伊特薩姆納就化身為天上巨龍，從口中傾瀉滔天的洪水，毀滅世界。馬雅倖存的馬雅古書最後一頁上的圖畫，就是伊特薩姆納在毀滅世界。世界各地曾經謠傳馬雅文明曾預知世界末日，乃因馬雅人相信世界是有始有終的，一個世界被創造出來之後，經過滄海桑田終究會毀滅。馬雅人似乎已經知道馬雅文明會滅亡，也預言了馬雅人的世界將會周而復始，又開始一個新世界。

根據馬雅預言上表示，地球已經是在所謂的第5太陽紀，而在每一紀結束時，都會有驚心動魄的大毀滅。流傳在世界各地的預言非常多，但馬雅預言卻不曾被忽視，原因就是馬雅人的天文曆法非常準確。傳說，太陽一旦經歷了五紀，就會滅亡，間接也令地球滅亡。殘存的馬雅古書中，記載的不是馬雅人自己的歷史紀事，而是記載著從

地球的創造起源到人類的歷史。馬雅預言中最令人省思的是「地球並非人類所有，人類卻是屬於地球所有」，現代人類在日新月異的高科技中，恣意妄為地濫用地球資源，人類自以為是地球的擁有者，主宰著地球一切。

台大醫學院2012年曾舉行一場醫學人文電影欣賞座談會，張上淳在映後主講「新興傳染疾病對人類的威脅」。他說明新興傳染病起因，肇因於人類過度開發與破壞環境，病菌隨著國際貿易及旅遊頻繁，讓疾病容易傳播到其他區域，演變成全球流行的傳染病。人類最大隱憂就是過度開發，漠視大自然的反撲。如果馬雅文明是因為生態危機而滅亡，那麼過度開發的地球若不正視環境危機，似乎正一步步走在馬雅文明滅亡的預言。

開曼群島的《神鬼奇航》

無論去哪兒，什麼天氣，記得帶上自己的陽光，跟著自己的心走吧！歲月極美，在於它必然的流逝。春花，秋月，夏日，冬雪——三毛

開曼群島，是西加勒比海域中一顆璀璨明珠。開曼群島居民以開曼人為主，但有來自英、美、加、牙買加、南非、菲律賓及中國等多國移民。其首都是位於大開曼島上的喬治城。加勒比海小島很多，提供海盜神出鬼沒的絕佳庇護，其中最著名的是：海地北海岸托圖加、牙買加東南皇家港、巴哈馬群島拿騷、開曼群島。開曼群島是英國在西加勒比群島的一塊海外屬地，由大開曼、小開曼和開曼布拉克3個島嶼組成。這裡是著名的離岸金融中心和避稅天堂，亦是旅遊度假聖地。

大開曼是開曼群島上最大的島嶼，曾是許多惡名招彰的海盜聚集和躲藏之處，如今搖身一變為觀光客徜徉在陽光中，與魟魚、海龜遨遊海中的海洋世界。大開曼長達7英里的海岸，以其清澈的海水著稱，曾多次被選為世界最美的海岸。享受這美好海水的方法不外乎：浮潛與潛水、乘坐快艇、乘坐玻璃透明船底巡遊。當然，最受歡迎的活動就是潛水，潛入水中的「魟魚城」，這裡住著皮膚如天鵝絨般光滑的魟魚，牠們會在河口外聚集等待人們的餵食與撫弄。這片群島長期以來被海盜和各種劫掠者所占領，如今的開曼群島坐擁白色沙灘和珊瑚公園，有著壯觀的海底沉船遺蹟，是整個加勒比最富裕的地區，可謂人間天堂。對於旅遊冒險家而言，美麗的自然景觀加上大都會的生活方式，展現出休閒式海洋風貌和現代化的都市景觀，讓大開曼島成為魅力獨具的目的地。

哥倫布在1503年發現開曼群島，由於位置正好位於墨西哥和古巴中間，可以作為海盜中途停留休息的地方，所以成為海盜基地。後來，英國航海家弗朗西斯·雷克到達該島，並命名為開曼群島，西班牙語的開曼發音就有烏龜的意味，周圍水域中有許多海龜，西班牙人稱之為龜島。在帝國主義肆虐的年代，開曼島與牙買加一起淪為英國殖民地，成為英國海員、私掠船船員、沉船乘客和非洲奴隸的聚居地。經過了一百多年，英國國會才通過廢除奴隸販賣法案，英屬殖民

地的奴隸才得到解放，各民族逐漸融合，社會走向和諧。最後，1962年牙買加宣布獨立後，而開曼群島成為英國海外領土。開曼群島國內事務在享有一定自主權後，經濟迅速發展，不再依賴英國援助。今日開曼群島是僅次於紐約、倫敦、東京和香港的世界第五大金融中心和世界第四大離岸金融中心。開曼群島也利用其悠久的海盜歷史文化吸引各國遊客，比較著名的就是一年一度的海盜節。

提起海盜，不由得讓我想起最喜歡的海盜電影系列，是由強尼戴普主演，風靡全世界的《神鬼奇航》。其英文片名是《加勒比海海盜》，加勒比海位於中美洲，海盜在十六、七世紀曾經橫行該海域。當時海盜掠奪的對象是針對西班牙的船隻，西班牙人恨之入骨，西班牙的敵對國家卻視海盜為盟軍，像是影片中的英國。《神鬼奇航：死無對證》的劇情也有描述墨西哥灣與加勒比海的神祕百慕達三角洲，發生過大量令人難以理解的失蹤事件，不僅讓這個地區蒙上一層神祕的色彩，更被烙上「魔鬼三角」的稱號。

百慕達三角（又稱魔鬼三角），位於北大西洋的馬尾藻海，是由英屬百慕達群島、美屬波多黎各及美國佛羅里達州南端所形成的三角形海域。百慕達三角所在地區附近的海域，是世界上最繁忙的海域之一，船隻經常穿越此地，以抵達位於美洲、歐洲和加勒比海地區的港口。我們這次航行並沒有經過魔鬼百慕達三角洲，但是風聞加勒比海有恐怖颶風，所以在遇到郵輪劇烈震動時，躺在船艙中，還是會胡思亂想到鐵達尼號的沉船悲劇。

不論是船隻或是飛機，經過這片魔鬼三角海域都必須格外小心，因為傳說許多人都是在未知的情況下消失的無影無蹤。歷史上最早記錄神祕失蹤事件的是發生在1840年，一艘法國船隻羅莎里號從法國出發航向古巴，這是當時性能優秀的遠洋船舶卻神祕失蹤。詭異的是，它被英國海軍發現在百慕達三角海域內，船上物品完整如故，但所有船員竟然全部消失，此後類似失蹤事件頻傳。最著名的失蹤事件是1918年美國海軍塞克羅普斯號，載著一萬多噸的礦石以及309名船員，整船消失的無影無蹤，就好像掉進另外一個空間。還有1932年一艘英國的大型帆船伊姆比利克號被發現漂浮在海面上，奇怪的是船體完好如初，還保留著剛漆好的油漆，船上的帆整齊地捲放在一起，而船上所有的船員又都不見了。

驚人的發現是在1977年的一則法新社新聞報導，科學家在百慕達三角海底發現了一座巨大的金字塔，該金字塔頂端還有疑似神殿般的建築物。1984年初在墨西哥北部沙灘上發現了5架1945年美國在百慕達失蹤的軍用飛機。更令人驚訝的是，飛機上除了沒有人，其他設備嶄新依然，絲毫沒有經歷40年的跡象，而桌上的咖啡還冒著熱氣。看到這些匪夷所思的報導，令人不禁懷疑是否有另一個空間的存在。

郵輪抵達大開曼島，小船從輪船接我們登上島嶼，就要搭乘半潛艇式水陸兩棲車探索海底世界，造訪加勒比海著名七英里海灘。冷面笑匠陳醫師一本正經開玩笑說，「那個水陸巴士不僅可以水中行走，還可以飛上天呢！」他們父女調侃我寄明信片，一位叫我飛鴿傳書，一位叫我寄瓶中信。領隊說大曼島七英里海灘很美，一定要浮潛，我忘了帶泳裝，想買件比基尼泳裝，秀我的好身材。大女兒一旁碎碎念，「五花肉，豬蹄膀，麻油腰子」她竟然影射我的胴體，就別想叫我買東西給她惹！小女兒適時從台灣寄來「感」人的信，「媽咪、姊姊出門一切順利，好好玩。忘不了幼稚園西門國小的院長說的『忍耐是一種美德』，互相包容才是家人相處之道。還有最重要的一點：不！要！失！心！瘋！的購物。妳們回台後我

會一一檢查所有行李，以及實踐行李秤重的動作。錢再賺就有了沒錯，但是也要懂得節制。勿忘我的紀念品，請專業姊姊以我的眼光選出最佳紀念品。以上，讚！」她真是很「感」講，但也提醒著家人相處的互相包容，於是大女兒的「五花肉事件」就此落幕。雖然開曼島物價貴得嚇人，一顆椰子5元美金，兩球冰淇淋7.5美金。我還是忍痛掏出美金買了一盒昂貴的拼圖，小女兒偏愛拼圖中的許多故事情節，可以一邊想像故事一邊組合一千五百個圖片。

島上為了尊重行人，都沒有紅綠燈。這個國家比想像中進步，非常現代化，只是天氣太熱了。在我快要被太陽融化時，終於，找到了星巴克，消磨午後悠閒時光。我沒有參加擁擠喧鬧的水上活動行程，只是跟著自己的心自由漫步。就在炎熱的午後，於繁花綠蔭中，靜靜欣賞陽光的移動，跟著閒步的公雞，感受踩在陸地的感覺。

牙買加的黑色面紗

事實上，我十分安然於一本好書，一個長夜和一杯熱茶的寧靜生活。對於人生，這已是很大的福份，因為我們沒有生活在戰亂和極權統治的國家裡，這份自由是我十分感激而珍愛的。——三毛《親愛的三毛》

郵輪抵達蒙特哥灣，這裡位於牙買加西北岸，是牙買加第二大城。蒙特哥灣的名稱，源自西班牙油脂之音。從前此地是牛油與豬油的裝卸港口，悠久的歷史，遺留不少名勝古蹟。1494年哥倫布來到牙買加，曾到訪當地的阿拉瓦印地安部落。西班牙不久宣稱牙買加為其殖民地，改名聖地亞哥。西班牙對當地的土著居民實行奴隸政

張點拍攝

策，導致島上的阿拉瓦克人幾乎因戰爭、疾病和奴役而滅絕。西班牙為補充勞動力，開始從非洲販奴，使得黑人逐漸成為牙買加的主體民族，難怪這個國家的人民幾乎都是黑人。從16世紀後期開始，牙買加多次遭到來自法國、英格蘭、荷蘭等國的海盜襲擊。英國艦隊占領了牙買加後，他們立刻邀請海盜來到島上的港口皇家港，協助防守西班牙人攻擊。因此，西班牙人從古巴出發的反撲，均以失敗告終。在《神鬼奇航》電影系列也有拍攝類似的歷史片段，這次到加勒比海，終於弄懂了強尼戴普的故事情節背後的歷史情境。

由於牙買加是個很陌生的國家，不得不查閱了這個國家的歷史。在1670年西班牙正式將牙買加等地割讓給英國，英國人立刻將牙買加這個島作為其海盜行為的基地，而皇家港被地震毀滅之前，一度成為加勒比海海盜的「首都」，曾被稱為「西方最邪惡的城市」。牙買加的經濟雖逐漸繁榮，但是社會和文化發展卻始終受到殖民當局的壓制。特別是在大蕭條時期，牙買加的各階層對凋敝的社會情況非常不滿。於是，歷經幾百年殖民統治的牙買加工人開始起義，終於在1962年宣告獨立，獨立後宣布加盟英聯邦。

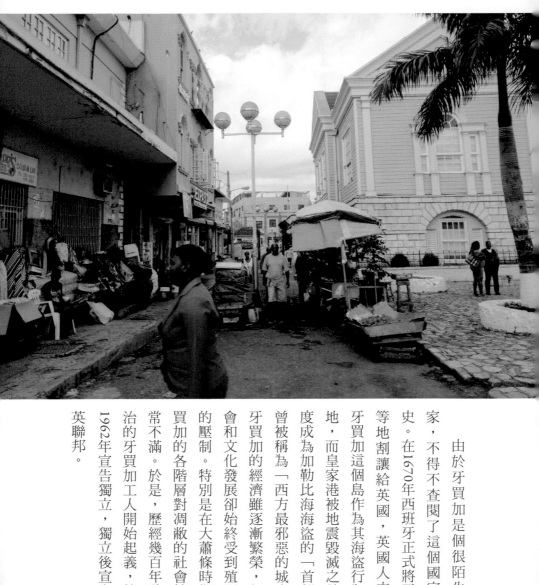

強尼戴普的加勒比海海盜系列也有到牙買加取景，其中《神鬼奇航：幽靈海》劇情還加入真人真事的黑鬍子海盜故事。女海盜安潔莉卡（潘妮洛普克魯茲飾）綁架了舊情人傑克（強尼戴普飾），要傑克為他的父親黑鬍子船長找尋到不老之泉。黑鬍子船長精通巫術，使用巫術讓船艦復活，而他的船員全都是用巫術控制的殭屍海盜。黑鬍子船長因為深信他即將大限已到的預言，必須要找到不老之泉來維持不死之身。在海盜的歷史上，黑鬍子真有其人，官方記載所保留的「黑鬍子」之真名為愛德華・蒂奇。1716年，他在牙買加加入了霍尼戈德的船隊，成為一名海盜。蒂奇將一艘法國船更名為「安妮女王復仇號」，憑著自己實力揚帆出航，展開海盜生涯。

遊輪靠岸後，踏上海盜曾盤據的島嶼，展開岸上觀光活動。我們一行人包了一輛黑色休旅車，將牙買加的市區繞了一圈，一路上心中始終忐忑不安。因為街道上幾乎沒有人，偶爾會有一兩名黑人出沒，由於當地治安非常不好，在開車

繞城一周時，我們都沒有下車，避免不必要風險，所以全程都不能下車參觀。行經一處所謂的高級住宅區，只見家家戶戶鐵門深鎖，而且是層層疊疊的鐵窗鐵門，連一隻蚊子都飛不進去。甚至市區的小雜貨店，也裝設也如台灣的銀行櫃檯，像是一個鐵籠子，只有一個小窗口遞送物品跟金錢。可見當地的治安非常糟糕，應該是搶案頻繁。因此，在牙買加要購買戰利品是一場衝鋒陷陣的搏命演出，大女兒冒著草木皆兵的危險，排除蜂湧而至的陌生搭訕者，買到星巴克的城市杯。當地司機賽門焦慮不安的路邊停車，也讓我冒著生命危險跑到當地郵局寄明信片，是寄給台灣的指導教授，當跑回車上達成任務時，都覺得經歷一場腥風血雨的戰爭。

蒙特哥灣市區沿海濱延伸，是重要的商業中心和港口，輸出糖、咖啡和熱帶水果。倚山傍水，日照充足，氣候宜人，為著名旅遊城市。在遊客購物中心，是比較安全的地區，可以放心購物。要特別推薦牙買加的藍山咖啡，其實我對咖啡的了解不多，但是帶回台灣送給經營咖啡店的阿寬，她非常讚賞牙買加咖啡的獨特風味，她還想為了買藍山咖啡跑到牙買加一趟呢！聽咖啡專業人士的讚不絕口之後，非常遺憾自己沒有大量採購，以饗更多好友。反而是買了一些咖啡巧克力，本來要送給

親朋好友，但是經過飛行之後，一顆顆球形巧克力不明原因的融解成一大塊，小真正面思考說，「那是因為是純天然製作的不加人工防腐劑，才會融成一坨。」我還選購了當地用椰子殼做成的牙買加原創包包，價值美金20元，具民族風，有烏龜圖案，非常逗趣。最特別的是當地的明信片，是加勒比海地圖，非常有紀念性。

不過，坦白說，牙買加的治安有些疑慮，如欲前往旅遊的話，還是三思而後行。因為加勒比海黑人政治文化發展，從十五、十六世紀開始進口黑奴到十八世紀中葉解放黑奴，這時期是原始的政治文化，有著奴隸制度和農莊社會，黑人根本就沒有政治參與的機會。再經過臣屬的政治文化、參與的政治文化，到了1990年代，才因全球化和網路的普及，改變了加勒比海黑人政治文化原本的信仰，人民雖厭倦過去政治惡鬥及貪腐的景象，但依然籠罩在黑色的雲霧中。這個國家經過極權統治與戰亂，以致當地居民很少笑容，除了緊繃還有愁苦。相對於台灣的治安良好，擁有安全感的笑容，這是牙買加所望塵莫及的幸福。

在海底合而為一

我的心境，已如渺渺晴空、浩浩大海，平靜，安詳，淡泊。對人處事我並不天真，但我依然看不起油滑。我不偏激，我甚而對每一個人心存感激，因為生活是由人群共同建立的，沒有他人也不可能有我。——三毛《雨季不再來》

在中興大學時，曾聽過學者史書美的演講。她的〈關係的比較學〉一文中提到的文化間無限互動，即島嶼的地理文化、社會經濟是和世界性相互關聯。這些所謂的「關係」也就是愛德瓦．葛里桑所創的關係理論，能有創意地從不同層面來思考文化和世界之間的關係。「關係理論」能連結此地與他處，並探索不同文化和歷史之間那些無窮盡又不可預知的糾葛與融合。愛德瓦．葛里桑援引「在海底合而為一」當作他的代表作《關係詩學》的題辭與《加勒比論述》中加勒比海地區的某種特色。這句話一方面具體地指出加勒比海的這些島嶼的不同歷史在「海底匯流」，但是實際上也點出了文化的世界性匯合。史書美認為從海洋的觀點來看，可以把世界視為一大群島，不同的陸地板塊都是島嶼，雖然大小不一，卻都被海洋連結在一起。

當時，我聽到關係理論中的「加勒比海」是多麼的遙遠與陌生，而如今，置身在加勒比海之

後，更能理解愛德瓦．葛里桑的加勒比海關係意涵。松井裕史在〈克里奧化是過去，也是現在，更是未來〉一文說明愛德華．葛里桑生於1928年，在一個名為馬丁尼克的加勒比海島上，當時為法屬殖民地，十八歲之前他都在那生活。二戰後，他在1946年離開馬丁尼克，前往巴黎學習哲學與民族誌。他從1959年起就被拘留在法國境內，因為他參與法屬加勒比殖民地的自治政治運動。一直到了六零年代中期，他才終於能夠回到馬丁尼克。在愛德華．葛里桑所有的原創概念中，克里奧化是二十一世紀裡最令人振奮的概念，因為從族群與文化的角度來看，世界人口愈發流動與混合，就得改變觀看這個世界的方式。事實上，如果以領土和國族角度來觀看世界，在當前的時代已變得不太可行。現在，必須用遷移、流動的角度來看待世界，或許再加上克里奧化這個觀點。

「克里奧化」的簡單說法就是混合和內化不同文化來源，而產生出獨特新文化過程。加勒比地區的地理條件和克里奧化概念的形成有關，從地圖上來看，加勒比是一個被美洲大陸和無數島嶼所圍繞的海灣，但並沒有被封死，海域有某個程度的開放性，島嶼是零星散佈。愛德華．葛里桑將這個地理環境與被大陸封閉環繞的地中海做了個比較，發現加勒比地區展現一體性，但同時也呈現多樣性及開放性。

松井裕史說明，克里奧化這個概念源自十五世紀以來，加勒比地區在人類學上的獨特發展。在哥倫布之前，印地安原住民安居於此，西班牙人抵達後迅速滅絕。到了十七世紀，隨著製社會經濟的發展，歐洲人引進非洲人。到了十九世紀廢除奴隸制之後，更有來自中國和印度的契約工人，以及一些中東移民。所有這些人全都從自己的國家徹底搬離，紮根於新大陸，彼此間或多或少地互相混合，尤其是文化上的混雜，如此造就了加勒比地區的克里奧化。在這次的加勒比海旅遊中，探索了馬雅的遺址、開曼的海盜基地、牙買加的黑人移入，才真正瞭解加勒比海的克里奧化與關係理論的形成。

加勒比地區的原生族群在十六世紀初期就因強迫勞動和歐洲人帶來的疾病而滅絕，這意味著，在加勒比地區沒有人真正地持有合法性。土地既不屬於那些少數的歐洲人後裔，即使殖民者擁有大多數的島嶼；也不屬於為數眾多的非洲人後裔，即使非洲人占有總居住人口的大多數。其實，這兩者都不能宣稱自己有合法性，因為他們都來自別的地方，他們都是克里奧人，從別處拔根，然後扎根

於加勒比地區。整個世界的移動不也是如此嗎？在海底合而為一。愛德瓦．葛里桑的關係理論，呈現世界一家的思考。台灣歷經荷蘭、西班牙、南明、滿清、日本、國民政府的統治，國內分布福佬人、客家人、外省人、原住民四大族群混雜，如同關係理論，呈現獨特的多元文化。

我要成為海賊王

當我偶爾對人生失望，對自己過分關心的時候，我也會沮喪，也會悄悄的怨幾句老天爺，可是一想起自己已經有的一切，便馬上糾正自己的心情，不再怨嘆，高高興興的活下去。不但如此，我也喜歡把快樂當成一種傳染病，每天將他感染給我所接觸的社會和人類。——三毛《把快樂當傳染病》

嘉年華展望號載客數3,934人，噸數133,500噸，首航2016年5月，旅客樓層15層，客艙共1,967間，船上工作人員1,450人，餐飲點心包羅萬象，遊輪上有各式各樣的娛樂活動。其實，

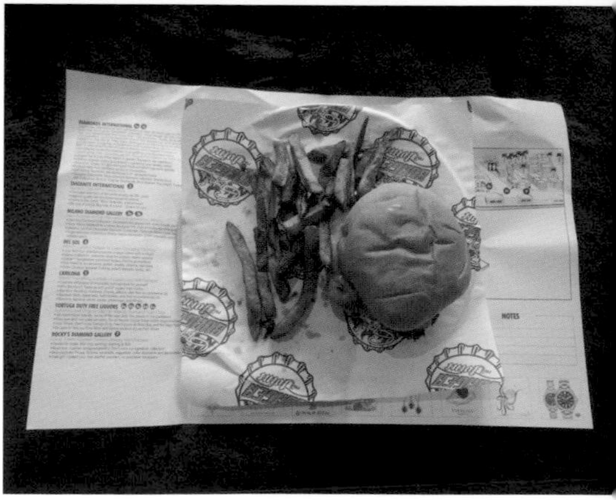

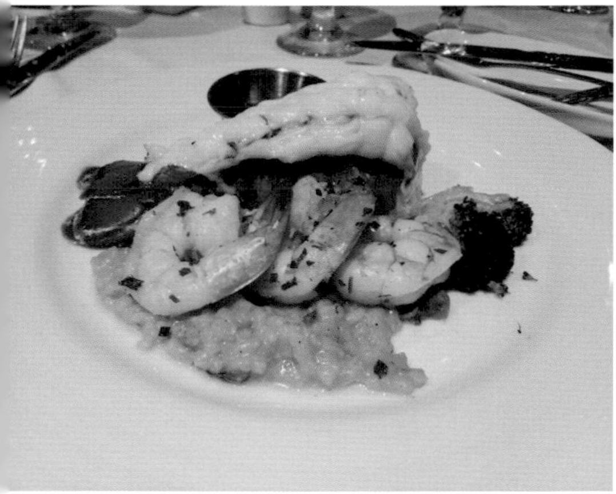

我常常在二十四小時無限供應的自助餐的靠窗餐桌，悠閒地喝下午茶，一邊欣賞海天一線的美麗風景，一邊讓身、心、靈徹底放鬆。入夜後參加遊輪精心準備的宴會或表演，盡情享受遊輪假期歡樂美好時光。

每天的晚餐時光，大家會分享好吃食物，輪船各式各樣食物很多都是免費享用。這艘輪船上有家蒙古烤肉店，將蔬菜肉類炒米粉，米粉很Q，加上蒙古醬料，別有特殊風味。位於船中央的知名漢堡店Guy's，漢堡很香，肉質綿密，尤其薯條更是美味，這是吃過最好吃的薯條。另外，必嚐的藍鬣蜥墨西哥捲餅，是自由選擇食材，包在捲皮上，香香脆脆的口感，世界聞名。

海上航行日單點式早午餐設計是分成四大部分：前菜、蛋類、主菜、甜點。前菜有番茄湯、貝果早餐、水果盤、凱薩沙拉。蛋類及配菜可選擇牛肉、雞肉、培根、馬鈴薯。主菜是包括烤豬排、牛排、培根起司通心粉、烤鮭魚排、檸香辣味雞。甜點有冰淇淋、焦糖起司蛋糕、奶油香蕉派、巧克力布朗

尼。一旦吃完豐盛早餐，肚子腰圍會瞬間擴展。而精緻的晚餐時光更是美饌佳餚，幾乎都在reflections餐廳享用，每天餐點都創意巧思不斷。如果點了鮭魚餐之後，也可以再點烤牛排，或香煎羊排、炸雞肉捲等。所有餐點都可以重複點或多樣點，包括前菜、點心、濃湯，都是吃到飽。最誇張的是，無限供應的新鮮龍蝦大餐，那時只恨自己只有一個胃。

面對體重不斷攀升，我努力從無止盡的食物中，脫逃到健身房運動。晚餐和越來越熟稔的團員邊吃邊聊，聊到大女兒在牙買加買星巴克杯時，吸引許多愛慕者蜂擁而至，小真打趣說，「那些人可能是乞丐……」當我以摩洛哥裝扮蒙著面紗參加船長之夜，對她揭開神祕面紗，露出蒙娜麗莎的微笑，小真張大眼睛說，「妳還是遮著面紗比較好看。」而我穿著摩洛哥服裝，擔心高跟鞋會踩到裙子，很怕走光時，小真從頭到腳打量說，「放心

吧！走光也沒人看的。」在說說笑笑中，大家相約一起看搖滾秀，歌手的歌聲舞蹈讓現場熱血沸騰。上次的森巴秀，深具南美的鮮豔風格，舞台佈景充滿創意。有趣的是，我觀察到秀的整體設計，陳醫師看到秀的動人故事，黃醫生盛讚秀的製作水準，每一個人觀看的角度不一樣。

輪船上有非常刺激好玩的空中腳踏車活動，從上面俯瞰海洋，真是又驚險又過癮。如果有懼高症的現象，最好還是不要玩，因為有突然急速下坡，心臟要能負荷。說也奇怪，一到國外，我百病全消。在台灣時，疑難雜症一堆，出國旅遊，倒是什麼症頭攏無。真不想離開展望號，每天張開眼睛，就有豐盛的餐點，三五好友一起享受美食；又有人幫忙打掃，不用自己整理房務。這種愜意的生活，讓人抗拒回到陸地，好想定居在輪船上，一輩子吃喝玩樂。

遊輪早上返回加爾維斯敦碼頭，享用完早餐後依序下船。印象中，搭北歐輪船時，並沒有分梯次下船，這艘美國輪船顯然井然有序。船上服務人員身兼數職，出沒在不同場域，認真做好自己工作。我要特別讚美這艘船的所有工作人員，始終笑容滿面，服務熱情，將船艙保持非常乾淨。走下輪船，前往休士頓太空中心。約翰遜太空中心是美國最大的航空研究，美國的航空火箭、航空飛機是在佛羅里達州發射，但是所有的控制是在休士頓完成，這裡也是1969年登月的控制中心。所以，人類從月球上傳回地球的第一個詞「休士頓」便是於此，裡面有很多珍貴的實物展覽以及有關登入月球的介紹和高科技演示。午後前往名牌大賣場Outlets，聚集145間名牌商店，像是Coach和Nike等品牌，價格比台灣低甚多，幾乎不會有人空手而回。美國到處充滿聖誕節的氣氛，大家抱著大包小包的禮物，行程也悄悄接近尾聲，灰姑娘終究將被打回原形。

三毛說：「**一切都會過去，明天各人又將各奔前程。生命無所謂長短，無所謂歡樂哀愁，無所謂愛恨得失。一切都要過去，像那些花，那些流水。**」從牙買加搭了兩天輪船，到了太空中心，覺得地球都在搖晃；再從NASA搭了16小時飛機，飛到了台灣，始終漫步在雲端。最傷腦筋的是排山倒海而來的課業，已經堆積如山。真希望阿波羅火箭能帶我逃到加勒比海，我要成為海賊王！

相距不到三個月，成為海賊王的夢想化為海中泡沫。隨著新冠肺炎的蔓延，造成鑽石公主號、至尊公主號、海洋國王號……相繼淪陷，聽聞有船員跳海輕生，日本大型油輪破產，美國前三大郵輪公司股價都跌了一半，當然包括嘉年華。地球上的人類開始視輪船為洪水猛獸，避之唯恐不及，加勒比海當地居民也拒絕輪船停泊或旅客上岸。想起嘉年華號的不夜城風光，那節奏明快而華麗的森巴音樂，或許將成為歷史絕響。**三毛把快樂當作一個傳染病，感染給周遭接觸的人，希望《非比尋常——北非、加勒比海》**這本書能傳染歡樂而蔓延到全世界。

國家圖書館出版品預行編目資料

非比尋常：北非、加勒比海／王秋今著. --初版.--臺中市：白象文化，2020.10
面；　公分.——（樂活誌；65）
ISBN 978-986-5526-67-2（平裝）
1.遊記 2.世界地理
719　　　　　　　　　　　109010281

樂活誌（65）

非比尋常：北非、加勒比海

作　　者　王秋今
校　　對　王秋今
專案主編　吳適意
攝　　影　王秋今、孫日新、陳維祖、張黠
出版編印　吳適意、林榮威、林孟侃、陳逸儒、黃麗穎
設計創意　張禮南、何佳諠
經銷推廣　李莉吟、莊博亞、劉育姍、李如玉
經紀企劃　張輝潭、洪怡欣、徐錦淳、黃姿虹
營運管理　林金郎、曾千熏
發 行 人　張輝潭
出版發行　白象文化事業有限公司
412台中市大里區科技路1號8樓之2（台中軟體園區）
出版專線：（04）2496-5995　　傳真：（04）2496-9901
401台中市東區和平街228巷44號（經銷部）
購書專線：（04）2220-8589　　傳真：（04）2220-8505
印　　刷　基盛印刷工場
初版一刷　2020年10月
定　　價　300元